Jürgen Bussiek
Was geschieht im Rechnungswesen?

Jürgen Bussiek

Was geschieht im Rechnungswesen?

2., durchgesehene Auflage

Vorwort

Rechnungswesen – das ist eine klassische Disziplin in der Betriebswirtschaft. Rechnungswesen – das ist gleichzeitig für viele Mitarbeiter in den Betrieben, besonders in den technischen Bereichen, gleichbedeutend mit unverständlichen Zahlenkolonnen und Fachausdrücken, die Buchhalter, Kostenrechner und Controller mit spürbarem Vergnügen in betriebliche Entscheidungsprozesse einbringen und damit nicht einschlägig vorgebildete Kollegen jedesmal argumentativ um Längen schlagen.

Tatsächlich werden heute noch betriebswirtschaftliche Zusammenhänge und ihr Niederschlag in den betrieblichen Zahlen des Rechnungswesens in vielen Ausbildungsgängen vernachlässigt; und dies, obwohl jede Führungskraft in der praktischen Tätigkeit damit konfrontiert wird.

Diesem Mißstand will dieses Buch abhelfen. Es konfrontiert den Leser sofort mit den Problemen der betrieblichen Praxis und bietet so eine schnell und leicht verständliche Einführung in das gesamte System Rechnungswesen. Eine Einführung, die es auch dem betriebswirtschaftlichen Laien ermöglicht, Zusammenhänge zu erkennen, das Zahlenwerk besser zu verstehen und dabei gleichzeitig die Fachausdrücke des Rechnungswesens beherrschen zu lernen.

Das Buch wendet sich also an alle Einsteiger in das Rechnungswesen, sowohl an gestandene Führungskräfte (etwa in technischen Bereichen) als auch an Studenten oder berufliche „Umsteiger", die die komplizierte Materie hier einmal ganz anders dargestellt bekommen, als sie es aus gängigen Lehrbüchern gewohnt sind.

Das Buch ist aber nicht nur als einmalige Lektüre gedacht. Alle Fachausdrücke werden im Stichwortverzeichnis aufgeführt; im Text sind sie beim erstmaligem Vorkommen im Kursivdruck hervorgehoben; dort werden sie erläutert. So ist das Buch gleichzeitig ein Nachschlagewerk von bleibendem Wert.

Jürgen Bussiek

Inhalt

Vorwort 5

Einleitung 11

A Der Bereichsleiter und seine Managementaufgabe 15

1 Was heißt „führen"? 16

1.1 Zielsetzung als Voraussetzung 18
1.2 Planung als Grundlage 20
1.3 Entscheidung zur Durchführung 22
1.4 Kontrolle zur rechtzeitigen Information 23

B Das Rechnungswesen als Steuerungsinstrument 25

1 Das Kostengerüst als Kompaß 25

1.1 Die Kostenartenrechnung 28
    1.1.1 Die Arbeitskosten 28
    1.1.2 Die Werkstoffkosten 29
        1.1.2.1 Die Materialkosten (Kosten für Roh- und Hilfsstoffe) 30
        1.1.2.2 Die Betriebsstoffkosten 31
        1.1.2.3 Das Büromaterial 31
    1.1.3 Die Kosten der Betriebsmittel 32
        1.1.3.1 Die Abschreibungen 32
        1.1.3.2 Die Reparaturen 39
        1.1.3.3 Die weiteren Betriebsmittelkosten ... 40
    1.1.4 Die sonstigen Verwaltungskosten 41
    1.1.5 Die Kostenartenzusammenstellung 42

1.1.6 Die Kosten in den übrigen Unternehmensbereichen 44
   1.1.6.1 Arbeitskosten 44
   1.1.6.2 Werkstoffkosten 46
   1.1.6.3 Betriebsmittelkosten 47
   1.1.6.4 Verwaltungskosten 48
   1.1.6.5 Exkurs 52
   1.1.6.6 Zusammenfassung der übrigen
         Bereiche 54
1.1.7 Kostenartengliederung nach anderen Kriterien .. 55
   1.1.7.1 Verrechnungsbezogene Kostenarten 55
   1.1.7.2 Beschäftigungsbezogene Kostenarten ... 56
1.2 Die Kostenstellenrechnung 60
  1.2.1 Die Gruppen als Kostenstelle 61
  1.2.2 Der Arbeitsplatz als Kostenstelle 65
  1.2.3 Die Kostenstellenrechnung des Unternehmens .. 68
1.3 Die Kostenträgerrechnung 77
  1.3.1 Aufgaben der Kostenträgerrechnung 77
  1.3.2 Verfahren der Kostenträgerrechnung 79
   1.3.2.1 Zuschlagskalkulation 79
   1.3.2.2 Maschinen-Stundensatz-Kalkulation 87
   1.3.2.3 Divisionskalkulation 89
   1.3.2.4 Äquivalenzziffernkalkulation 92
   1.3.2.5 Kuppelkalkulation 95
  1.3.3 Die Arten der Kostenträgerrechnung 97
1.4 Zusammenfassende Betrachtung 99

2 Die Buchhaltung als Datenlieferant 102

2.1 Aufgaben der Buchhaltung 102
2.2 Technik der Buchführung 104
  2.2.1 Inventar, Inventur, Bilanz 107
  2.2.2 Bilanzveränderungen 107
  2.2.3 Buchen auf Konten 109
  2.2.4 Bilanzkonten und Unterkonten 112

2.2.5 Eigenkapitalkonto mit Unterkonten	115
2.3 Buchung verschiedener Geschäftsvorfälle	123
2.3.1 Einkauf auf Rechnung	123
2.3.2 Zahlungsverkehr	129
2.3.3 Leistungsbezug gegen Barzahlung	135
2.3.4 Aufwandsbuchungen bei Gütern in Beständen	141
2.3.5 Personalaufwand	146
2.3.6 Verkauf	149
2.3.7 Buchung von Steuern	152
2.3.7.1 Durchlaufende Steuern	152
2.3.7.2 Aufwandsteuern	157
2.3.7.3 Steuern vom Einkommen, Ertrag, Vermögen	157
2.3.8 Fremdkapitalzinsen	158
2.3.9 Abschließende Buchungen	159
2.4 Zusammenfassende Betrachtung und Ausblick	171

3 Weiterentwicklung zu modernen Rechnungssystemen . 173

3.1 Varianten der Vollkostenrechnung	174
3.1.1 Normalkostenrechnung	174
3.1.2 Plankostenrechnung	175
3.2 Teilkostenrechnung	182
3.2.1 Die Teilkostenrechnung als Steuerungsinstrument	182
3.2.1.1 Grenzplankostenrechnung	182
3.2.1.2 Deckungsbeitragsrechnung mit proportionalen Kosten	183
3.2.1.3 Deckungsbeitragsrechnung mit relativen Einzelkosten	186
3.2.2 Die Teilkostenrechnung als Kostenträgerrechnung	191
3.3 Die Erfolgsbeitragsrechnung	194
3.3.1 Aufgabe und Ziel	194
3.3.2 Grundsätzliche Aussagen zur Vorgehensweise	197

3.3.3 Die Planung der Einzeldaten 199
    3.3.3.1 Die Leistungsmengenplanung 199
    3.3.3.2 Entwicklung der Plansätze 201
    3.3.3.3 Ermittlung der Ertragsanteile
         durch Plankalkulation 208
    3.3.3.4 Vereinfachtes Verfahren zur Ertrags-
         anteilsermittlung 211
    3.3.3.5 Planung und Kontrolle des Erfolgs-
         beitrages 212

4 Kennzahlen als Steuerungsinstrumente 216

4.1 Die Entwicklung der Kennzahl 216
4.2 Kennzahlen und ihre Aussage 218

5 Schlußbetrachtung 228

Literaturverzeichnis 229

Stichwortverzeichnis 230

Einleitung

In Lehrbüchern beginnt Rechnungswesen mit der Buchhaltung, weil nach allgemeiner Auffassung diese die Grundlage des gesamten Rechnungswesens ist. In der Praxis wird ein Bereichsleiter aber mit anderen Instrumenten des Rechnungswesens konfrontiert, und auch in Konferenzen wird nicht über Buchhaltung gesprochen. Deswegen liegt diesem Buch eine ganz andere Dramaturgie zugrunde:
Der gesamte Problemkreis Rechnungswesen wird am Beispiel eines Modellunternehmens dargestellt. Ein Produktionsleiter, nennen wir ihn Diplom-Ingenieur P., kommt neu in dieses Unternehmen. Er ist in dieser neuen Position erstmalig gezwungen, als betriebswirtschaftlicher Laie mit den Zahlen des Rechnungswesens in seinem neuen Unternehmen zu arbeiten. Da er noch wenig über Rechnungswesen weiß, kann er auf der ersten Bereichsleiterbesprechung in seinem neuen Wirkungskreis nicht mitreden. Das wäre nicht weiter tragisch. Aber Diplom-Ingenieur P. ahnt, daß er in seiner neuen Position mitreden muß, um seine Ideen durchzusetzen und seine Position zu halten oder gar zu verbessern. Er merkt sehr schnell, daß er im Bereich des Rechnungswesens ein großes Know-how-Defizit hat, und beschließt, dagegen etwas zu tun. Zunächst befaßt er sich intensiv mit den betriebswirtschaftlichen Daten seines neuen Wirkungskreises.

Im Mittelpunkt steht dabei natürlich sein eigener Bereich „Fertigung", doch blickt er mit Hilfe des Kostenrechners und des Buchhalters im Unternehmen immer wieder über seinen eigenen Bereich hinaus und lernt die Zahlen der übrigen Bereiche des Unternehmens kennen. Zum Schluß ist er in der Lage, sein Aufgabengebiet auch von den betriebswirtschaftlichen Zahlen her richtig in das Geschehen des Gesamtunternehmens einzuordnen und seine Zahlen mit denen des übrigen Unternehmens in Beziehung zu setzen. Auf den Bereichsleiterbesprechungen ist er ein vollwertiger Gesprächspartner geworden.

Unser Diplom-Ingenieur P. ist in einem Unternehmen für Herrenoberbekleidung tätig, denn die Produkte dieses Unternehmens kennt jeder: Anzüge, Sakkos, Hosen, Freizeitjacken, Freizeithosen. Neben dem Bereich der Fertigung (Produktion) gibt es noch die Bereiche

- Modellabteilung, in der die neuen Modelle entwickelt werden;
- Materialwirtschaft, zuständig für die Beschaffung der Stoffe und Zutaten wie Futter, Knöpfe, Einlage, Reißverschlüsse;
- Vertrieb mit den üblichen Aufgaben Verkauf, Auftragsbearbeitung und Versand;
- Verwaltung, in der neben den üblichen Verwaltungsaufgaben auch das Rechnungswesen angesiedelt ist.

Diplom-Ingenieur P. ist für die Produktion verantwortlich, die Unternehmensleitung wird repräsentiert durch den Inhaber. Dem Produktionsleiter, Diplom-Ingenieur P., wird ermöglicht, die Zahlen des Unternehmens gründlich zu analysieren. Er geht dabei von den vorliegenden Zahlen des Vorjahres B aus. Anhand dieser Zahlen lernt er die einzelnen Instrumente des Rechnungswesens kennen und beurteilen. Am Anfang des Vorjahres standen dem Unternehmen folgende Vermögenswerte zur Verfügung:

Grundstücke, Gebäude	2.500.000,— DM
Maschinen	620.000,— DM
Geschäftseinrichtung	160.000,— DM
KFZ-Park	80.000,— DM
Fertigware	500.000,— DM
Roh-, Hilfs- und Betriebsstoffe	
für Anzüge	800.000,— DM
für Sakkos	700.000,— DM
für Hosen	800.000,— DM
für Freizeitjacken	700.000,— DM
für Freizeithosen	500.000,— DM
Forderungen	1.000.000,— DM
Bankguthaben	40.000,— DM

Als Finanzierungsquellen stehen dem Unternehmen zur Verfügung:

Gesellschafterkapital	2.600.000,— DM
Gesellschafterdarlehen	300.000,— DM
Hypothekendarlehen	2.500.000,— DM
langfristiges Darlehen	500.000,— DM
kurzfristiges Bankdarlehen	1.500.000,— DM
Lieferantenverbindlichkeiten	1.000.000,— DM

Diplom-Ingenieur P. nimmt diese Daten zunächst einmal zur Kenntnis. Ihn interessieren vor allem die Roh-, Hilfs- und Betriebsstoffe, denn die hängen unmittelbar mit seinem Verantwortungsbereich – der Produktion – zusammen. Die anderen Daten interessieren ihn noch wenig, auch der Zusammenhang dieser Daten erschließt sich ihm noch nicht.

Die weiteren Grunddaten des Unternehmens sind aus der nachfolgenden Übersicht zu ersehen. Zusätzliche Angaben erhält der Produktionsleiter im Laufe seiner Untersuchungen.

Tabelle 1: Grunddaten des Unternehmens

	Anzüge	Sakkos	Hosen	Freizeit-jacken	Freizeit-hosen
Umsatz in DM	8.000.000,—	4.000.000,—	3.000.000,—	3.000.000,—	2.000.000,—
Stückzahl	25.000	18.000	35.000	27.000	30.000
Fertigungsstunden	55.000	26.000	22.000	30.000	15.000
Fertigungslohn in DM	1.500.000,—	700.000,—	600.000,—	800.000,—	400.000,—
Materialeinsatz in DM	3.000.000,—	1.500.000,—	1.000.000,—	1.200.000,—	700.000,—
⌀ Minuten/Stück	132	87	38	66	30
⌀ Verbrauch in Meter	3,50	2,00	1,50	2,00	1,50
⌀ Preis/Stück in DM	320,—	220,—	85,—	110,—	65,—

A

Der Bereichsleiter und seine Managementaufgabe

Der neue Produktionsleiter, Diplom-Ingenieur P., wird wenige Tage nach seiner Einstellung zur ersten Bereichsleiterbesprechung geladen. In seiner früheren Stellung war er hauptsächlich mit technischen Problemen wie Arbeitsabläufen, Zeitstudien, Verfahrensfragen und Maschineneinsatz befaßt; Tagesprobleme, die er in Zusammenarbeit mit dem dortigen Produktionsleiter gelöst hatte. Nun ist er in seiner neuen Stelle erstmalig als Bereichsleiter verantwortlich für den gesamten Produktionsprozeß. Was wird wohl auf ihn zukommen?

Diplom-Ingenieur P. ist zum ersten Mal bei der Bereichsleiterbesprechung dabei. Das nimmt der Chef und Inhaber zum Anlaß, Grundsätzliches an den Beginn der Besprechung zu setzen: „Der Wettbewerb wird immer schärfer, wir können nicht mehr nur mit Augenblicksentscheidungen arbeiten; unsere bisher sehr intuitiven Entscheidungen müssen besser mit echten Informationen untermauert werden; Fehlentscheidungen können wir uns nicht mehr leisten, denn diese können an die Existenz des Unternehmens gehen. Wir müssen besser planen, genauer unsere Plan-Ist-Abweichung analysieren, wir müssen das alles besser kontrollieren!" Überraschende Worte für Herrn P., der bislang immer gehört hatte, daß das unternehmerische Fingerspitzengefühl das unersetzbare Kriterium für maßgebende Entscheidungen im Unternehmen sei: Flexibilität und Improvisation wurden in seinem früheren Unternehmen doch als die Grundlagen eines mittelständischen Unternehmens beschrieben; Planung, das heißt doch mehr Bürokratie (denn die Wirklichkeit war dann immer wieder anders) – und Kontrolle war für ihn bislang nur ein Zeichen für Mißtrauen gegenüber dem Mitarbeiter. Für technische Daten sind Genauigkeit und Kontrolle selbstverständlich, aber für wirtschaftliche Entwicklungen doch unmöglich! Nun hört er es ganz anders. Für ihn ist es offensichtlich höchste Zeit, sich mit den Fragen der „echten Informationen" auf wirtschaftlichem Gebiet vertraut zu machen. Dann sagte der Chef noch etwas, was Diplom-Ingenieur P. stutzig machte: „Und deswegen müssen wir auch unsere Führungsmethoden überprüfen."

1
Was heißt „führen"?

Führen, so hatte Herr P. gelernt, heißt kurz gesagt: „veranlassen, daß das Richtige getan wird."

Natürlich will Diplom-Ingenieur P. eine gute Führungskraft sein. Und so ergeben sich für Herrn P. zunächst zwei Teilaufgaben:
Er muß

- das bestimmen, was richtig ist, und damit den Führungsinhalt festlegen. Des weiteren muß er
- veranlassen, daß das Richtige getan wird.

Mit anderen Worten, er muß durch sein Führungsverhalten seine Mitarbeiter dazu bringen, daß sie das tun, was er als richtig erkannt und festgelegt hat. Das Führungsverhalten betrifft die Notwendigkeit, durch die Abwägung zwischen Motivation und Anweisung seine Mitarbeiter zur „richtigen" Leistung zu bewegen. Dies umfaßt den Komplex der „Mitarbeiterführung" und ist nicht Gegenstand dieses Buches.

Für die Erfüllung der Zielsetzung („was als richtig erkannt und festgelegt wurde") stehen ebenfalls eine Reihe von Führungsinstrumenten zur Verfügung. Die Handhabung dieser Instrumente nennt man auch „Steuerung". Und diese Steuerung gelingt nur mit einer sicheren Ausgangssituation. Die folgenden Ausführungen befassen sich mit einer Reihe von Steuerungsinstrumenten, die aus dem Rechnungswesen entwickelt werden.

Bei der Bestimmung dessen, was richtig ist, konnten sich die verantwortlichen Führungskräfte bis Anfang der 70er Jahre an leicht zugänglichen Erkenntnissen orientieren. Die Erfahrung und das sogenannte Fingerspitzengefühl zeigten ihnen in etwa den richtigen Weg. Mißerfolge ließen sich bei der allgemein guten wirtschaftlichen Entwicklung weitgehend durch schnelle Reaktion wieder auffangen.

Doch das war einmal. Und genau vor dieser Erkenntnis stehen nun Diplom-Ingenieur P. und seine Kollegen: „Der Wettbewerb wird immer schärfer. Fehlentscheidungen können wir uns nicht mehr leisten" (Worte des Chefs). Das Richtige zu bestimmen und zu veranlassen wird daher auch für Herrn P. eine Herausforderung.

Die Führungsinhalte können nicht mehr global aus der Vergangenheit abgeleitet werden, sie müssen systematisch erarbeitet werden. Wenn Herr P. auch in Zukunft erfolgreich sein will, muß er sich zunächst volle Klarheit über den eigenen Bereich verschaffen. Er muß die Schwächen und Stärken des Bereichs kennen, um daraus Schlußfolgerungen ziehen zu können. Erst dann ist Herr P. in der Lage, seine zukünftigen Verhaltensweisen so festzulegen, daß die Erwartungen, die das Unternehmen an den Bereich stellt, auch erfüllt werden. Dazu ist es aber auch erforderlich, mit allen Bereichen des Unternehmens die Erwartungen aufeinander abzustimmen und zu konkretisieren. Wie formulierte es der Chef so richtig? „Wir müssen unsere Aktivitäten zielgerichtet koordinieren." Zielgerichtet, das heißt, auch für den Bereich der Produktion müssen Ziele festgelegt werden. Das geht Diplom-Ingenieur P. jetzt sehr persönlich an!

1.1 Zielsetzung als Voraussetzung

Die Zielsetzung ist die Voraussetzung dafür, daß die Aktivitäten in den einzelnen Bereichen eines Unternehmens aufeinander abgestimmt festgelegt werden können. Kein Bereichsleiter wird der Behauptung zustimmen, er lasse seinen Bereich ziellos dahintreiben. Fragt man ihn aber, welches denn die konkreten Ziele seien, so bekommt man als Antwort oft allgemeine Formulierungen wie „qualitativ gute Arbeit leisten", „die Leistung steigern", „den Ausschuß senken", „rationalisieren", „Kosten senken" und wie die Ziele sonst noch lauten. Würde man den gleichen Bereichsleiter – in unserem Beispiel den Diplom-Ingenieur P. – nach den technischen Details eines seiner Produktionsprozesse fragen, nach Toleranzgrenzen und Maschinenleistung, dann hätte Herr P. sofort und exakt antworten können.

Wie im technischen Ablauf im Detail, so muß unser Produktionsleiter auch in seinem gesamten Verantwortungsbereich konkrete Vorstellungen über seine wirtschaftlichen Ziele haben, um planen und entsprechende Maßnahmen festlegen zu können. Er kann also nicht sagen „qualitativ gute Arbeit leisten", sondern er muß den Qualitätsstandard genau festlegen. In seinem Bereich heißt das: Die zu verarbeitende Ware muß bestimmte Qualitätsmerkmale hinsichtlich Gewicht/Quadratmeter, Reißfestigkeit, Dichte des Gewebes sowie Höchstgrenze des Schrumpfens beim Einfluß warmer Feuchtigkeit (beim Bügeln) haben. Die Nähte müssen eine genaue festzulegende Stichdichte und Nahtbreite haben, geklebte Einlagestoffe dürfen keine gelösten Stellen aufweisen. In anderen Unternehmen werden andere Qualitätsstandards anzuwenden sein. Immer aber ist es notwendig, diese genau zu konkretisieren. Dabei wird eine Abwägung zwischen Anforderung und der dabei entstehenden Kosten erforderlich. Der Produktionsleiter muß also wissen, wieviel eine Verbesserung der Qualitätsnorm kosten wird, damit die zuständigen Absatzverantwortlichen entscheiden können, ob die Kosten zusätzlicher Qualitätssteigerung auch vom Kunden bezahlt werden.

Herr P. wird auch seine gewünschte Leistungssteigerung konkretisieren müssen. Die Leistung seines Bereichs und damit auch seine Führungsleistung läßt sich in erarbeiteten Minuten und in gefertigten Stückzahlen messen, in anderen Betrieben vielleicht in Kilogramm, Tonnen oder Metern. Somit läßt sich auch die gewünschte Leistungssteigerung genau definieren, um daraus die notwendige Leistungssteigerung in anderen Bereichen ableiten und die dafür erforderlichen Mittel bereitstellen zu können.

Nur wenn das angestrebte Ziel konkret definiert ist, kann man damit auch konkret arbeiten. Das Ziel muß aber auch realistisch sein; alle Beteiligten müssen es als wirklich erreichbar akzeptieren. Ziele sind an den eigenen Möglichkeiten zu messen, sonst werden sie von den eigenen Mitarbeitern nicht ernst genommen, und keiner engagiert sich, das Ziel zu erreichen. Gerade das ernsthafte Bemühen ist aber Voraussetzung für ein zielgerichtetes koordiniertes Arbeiten. Wenn eine Zielsetzung für die Absatzabteilung lauten würde, im nächsten Jahr eine Umsatzsteigerung von zehn Prozent zu erzielen, die Produktion sich mit einer entsprechenden Kapazitätsausweitung darauf einstellte und erst nach angelaufener Produktion die Fehleinschätzung deutlich würde, hätte dies die fatale Folge, daß Kapazitäten leer stehen, Kapital umsonst gebunden würde. Wird der Produktionsleiter aber skeptisch und richtet sich bei der nächsten Periode nicht auf eine angegebene Umsatzsteigerung ein, kommt er schnell in Produktionsschwierigkeiten, wenn die angestrebte Umsatzsteigerung erreicht wird, aber die Kapazität nicht zur Verfügung steht.

Wie der Produktionsleiter, so müssen selbstverständlich alle Bereichsleiter Ziele setzen und mit den anderen Bereichen abstimmen. Insgesamt werden alle wirtschaftlichen Ziele vom wirtschaftlichen Unternehmensziel abhängig sein. Insofern kann der Betriebsleiter seine Ziele nicht selbständig setzen, sondern wird sich dem gemeinsamen Unternehmensziel unterordnen müssen. Abgeleitet von diesem wirtschaftlichen Hauptziel, in der Regel ein bestimmter Gewinn in einer bestimmten Periode, werden alle Bereiche ihre Teilziele bestimmen.

Ob die so vom Hauptziel abgeleiteten Ziele für eine Periode aber wirklich in diesem Zeitraum zu realisieren sind, wird endgültig erst die entsprechende Planung für diese Periode ergeben. Insofern ist die erste Zielsetzung zu Beginn der Planungsarbeiten mehr eine Richtwertbestimmung. Erst wenn durch eine konkrete Planung festgestellt wird, daß die anvisierten Ziele durch entsprechende Maßnahmen zu erreichen sind, erst wenn sich diese Maßnahmen als durchführbar erwiesen haben und im gesamten Unternehmen aufeinander abgestimmt sind, wird das Ziel als endgültige Zielsetzung verabschiedet werden können. Zielsetzung und Planung sind also unabdingbar miteinander verbunden.

Was ist nun unter Planung im Betrieb zu verstehen?

1.2 Planung als Grundlage

Planen, so kann unser Produktionsleiter in der betriebswirtschaftlichen Literatur lesen, ist das gedankliche Gestalten des zukünftigen Handelns. Dies klingt für ihn einleuchtend und verständlich und vor allem ganz anders, als das, was er bislang im betrieblichen Bereich darunter verstanden hatte. Planen im wirtschaftlichen Bereich war für ihn „Bürokratie". Planung hieß für ihn „Zahlenspielerei", bei der durch komplizierte Verfahren die Zukunft errechnet werden soll. Wie im täglichen Leben, so stellt unser Produktionsleiter jetzt – etwas erleichtert – fest, bedeutet Planen zunächst nichts anderes als festzulegen, was man in Zukunft tun will. Der erste Schritt zu einer Planung ist also eine Maßnahmenplanung. In ihr werden die Aktivitäten festgelegt, die das Unternehmen für notwendig erachtet, um das gesetzte Ziel zu erreichen. Von diesen Maßnahmen werden dann die sich daraus ergebenden Mengen und Wertangaben abgeleitet. Diese Mengen- und Wertgrößen beziehen sich dabei sowohl auf den Ertrag wie auch auf die Kosten dieser Aktivitäten. In Verbindung mit den so geplanten Maßnahmen werden die sich daraus ergebenden Zahlen schriftlich festgehalten. Diese Zahlen übernehmen damit eine Kompaßfunktion, da sich das Unternehmen an diesen Planzahlen ausrichten und laufend überprüfen wird, ob in der Realität diese geplanten Werte bestätigt werden. Die Abweichung von den angestrebten Daten zeigt, wie weit das Unternehmen von der geplanten Entwicklung abgewichen ist. Erst diese Erkenntnis ermöglicht es rechtzeitig, das Verhalten der Bereiche zu korrigieren, so wie der Kapitän eines Schiffes den Kurs korrigiert, wenn die Richtung nicht mehr stimmt. Wichtig dabei ist, daß äußere Einflüsse die Richtung des Schiffes verändert haben und der Kapitän erst aufgrund der vorliegenden Instrumentenergebnisse sieht, was er zu tun hat.

Genauso verhält es sich im Unternehmen. Abweichungen sind nicht in erster Linie das Ergebnis von Fehlverhalten und Grund für Schuldzuweisungen. Sie sind grundsätzlich als neutrale Steuerungsdaten anzusehen, die zur Steuerung des Unternehmens notwendig sind. Insofern ist auch die Diskussion über die erlaubte Höhe der Abweichung unbegründet. Auf eine entsprechende Frage unseres Produktionsleiters sagt unser Unternehmer: „Wenn ich höre, wie über die Höhe der tragbaren Abweichungen diskutiert wird, kommt mir das vor wie Planen nach Buchhaltermanier. Darin liegen keine Zukunftsperspektiven, darin liegt keine Dynamik. Jeder ist nur ängstlich bestrebt, nach Ablauf der Planungsperiode seine Zahlen möglichst eingehalten zu haben. Planen aber heißt doch, die Zukunft entwickeln zu wollen. Jede Entwicklung beinhaltet ein Risiko, also auch die Gefahr, daß die Planung nicht aufgeht. Wenn ich das scheue, kann auch der Computer planen." (Dies ist übrigens ein Originalzitat eines Unternehmers auf einer Tagung.)

Der Vorteil des Planens liegt auch darin, daß wir im Vorstadium verschiedene Entwicklungsmöglichkeiten gegeneinander abwägen können, Alternativen schriftlich formulieren und sie im Falle einer notwendigen Entscheidung sofort greifbar haben. Wir sind also auf mögliche Abweichungen vorbereitet und können wesentlich flexibler reagieren, als wenn wir von Entwicklungen überrascht werden. Planen heißt also nicht „mehr Bürokratie und Erstarrung", sondern „bessere Steuerungsfähigkeit, mehr Reaktionsfähigkeit und schnelle Entscheidungen bei veränderten Situationen".

Keinesfalls aber sollten wir Planen mit Prophezeihungen verwechseln. Wie sagte unser Unternehmer richtig: „Planen heißt, die Zukunft entwickeln zu wollen. Jede Entwicklung beinhaltet ein Risiko, also auch die Gefahr, daß meine Planung nicht aufgeht." Spätere Abweichungen von der ursprünglichen Planung dürfen daher nicht zu der Schlußfolgerung führen, daß die Planung selbst unsinnig sei, weil sie die Zukunft nicht vollkommen realistisch wiedergeben könne. Auch wenn wir eine Urlaubsreise planen, wissen wir nicht, ob alles in der Form eintrifft, wie wir es uns vorgenommen haben. Trotzdem kommen wir nicht – von wenigen Ausnahmen abgesehen – auf den Gedanken, aus diesem Grunde den Urlaub nicht zu planen, sondern uns von der Entwicklung überraschen zu lassen. Planen erhellt uns die Zukunft nicht mit einem Scheinwerferlicht, sondern vielleicht mit einer Kerze. Dieser schwache Lichtschein in die Zukunft ist aber immer noch besser als schwarze Nacht vor uns. Planvolles Handeln im Betrieb ist also nicht nur empfehlenswert, sondern um so lebensnotwendiger, je schärfer der Wettbewerb und je kritischer damit möglicherweise die Situation eines Unternehmens wird.

1.3 Entscheidung zur Durchführung

Planen ist kein Selbstzweck, sondern soll zu Maßnahmen führen. Dazu bedarf es allerdings der Entscheidung des Verantwortlichen. Kaum eine Entscheidung wird dabei unter der Sicherheit erfolgen, daß die geplanten Ergebnisse hundertprozentig eintreffen. Unser Produktionsleiter P. weiß aus eigener Erfahrung, wie schwer es manchmal ist, die richtige Entscheidung zu treffen. Ohne vorausgegangene Planung wäre die Entscheidung noch schwerer, aber auch so möchte Herr P. die Entscheidung manchmal immer wieder hinausschieben. In manchen Fällen mag es nützlich sein, noch weitere Informationen zu beschaffen. Wiederholtes Zögern ist aber nicht das Zeichen einer guten Führungskraft. Entscheidungsfreudigkeit ist gerade in kritischen Situationen zwingende Voraussetzung für den Erfolg.

1.4 Kontrolle zur rechtzeitigen Information

Jetzt erst erkennt unser Produktionsleiter, daß die Planung kein Selbstzweck ist, sondern zum rechtzeitigen Durchdenken verschiedener Möglichkeiten dient. Nach der getroffenen Entscheidung fungieren die Planungsdaten bei der Durchführung als Kompaß und zeigen an, ob der geplante Weg zum Ziel eingehalten wird. Das setzt aber voraus, daß wir nicht nur den Plan erstellen und entscheiden, sondern daß wir auch laufend prüfen, ob der Plan eingehalten wird.

Nur so lassen sich rechtzeitig Abweichungen feststellen, zeigt sich die Notwendigkeit, gegenzusteuern. Leider bestehen immer wieder irgendwelche Pläne, aber man erkennt nach einem Jahr, daß der Plan nicht eingehalten wurde. In diesen Fällen wird der Plan als laufendes Steuerungsinstrument nicht richtig eingesetzt. Ein Plan kann seine Aufgabe nur dann richtig erfüllen, wenn unser Produktionsleiter dessen Kompaßfunktionen so versteht, daß in kurzen, möglichst monatlichen Abständen kontrolliert wird, ob die Plandaten erreicht wurden. Häufig unterbleibt eine solche Kontrolle auch deswegen, weil die Betroffenen die Kontrolle als den erhobenen Zeigefinger des Vorgesetzten verstehen und sich auf die Suche nach einem Schuldigen begeben. Sie wird dann nicht als richtungsweisende Aussage angesehen, die zielgerichtete Steuerungsmaßnahmen ermöglicht. Kein Pilot in der Kanzel seines Flugzeugs wird die Kontrolldaten seiner Instrumente oder die Angaben des Control-Towers als Vorwurf empfinden, von seinem Kurs abgewichen zu sein, sondern als notwendigen Hinweis, daß er den Kurs korrigieren muß. Ohne diese Angaben wäre er zu einer solchen Kurskorrektur nicht in der Lage. Wie der Pilot in der Flugzeugkanzel die Kontrollangaben über seine Kursabweichung, muß auch unser Produktionsleiter derartige Kontrollangaben bekommen, um damit arbeiten zu können.

Die so erarbeiteten Kontrolldaten, die Abweichungen, die Reaktionsmöglichkeiten und deren Ergebnisse lassen wir dann wiederum in die Zielsetzung und Planung für die neue Periode einfließen. Insofern sind Zielsetzung und Planung durchaus mit der Vergangenheit verbunden und bauen auf dieser auf. Es schließt sich hiermit aber auch wiederum der Kreis, der aus der Kontrolle und deren Erkenntnissen zur neuen Zielsetzung führt. Der Ablauf „Zielsetzung, Planung, Entscheidung und Kontrolle" wird aus diesem Grund auch als Managementkreis beschrieben, mit dem die Führungsaufgabe im Unternehmen verdeutlicht wird.

Abbildung 1: Managementkreis

Damit wir im Sinne dieses Managementkreises das Unternehmen richtig steuern können, benötigen wir Informationen. Einen Großteil dieser Informationen kann uns das Rechnungswesen mit seinen verschiedenen Instrumenten liefern.

B

Das Rechnungswesen als Steuerungsinstrument

1

Das Kostengerüst als Kompaß

Zur Steuerung seines Bereichs benötigt Produktionsleiter P. Instrumente mit konkreten Informationen. Diese konkreten Angaben müssen weitgehend quantitative Größen sein. Mit Größen wie "gut", „weniger gut", „mehr" oder „weniger" kann unser Produktionsleiter nicht arbeiten. Zahlenangaben liegen ihm vor in Form von

- Arbeitskräfteanzahl,
- Arbeitszeit in Stunden oder Minuten,
- Maschinenzahl,
- Raumfläche,
- Verbrauchsmengen in Meter, Kilogramm oder ähnlichen Maßeinheiten.

Alles das sind Mengenangaben, mit denen die verschiedenen Leistungen und Güter im Originalzustand gemessen werden. Der Einsatz all dieser Leistungen und Güter – auch *Leistungs- oder Produktionsfaktoren* genannt – ergibt zusammen das Ergebnis des Produktionsprozesses, die Jacken und Hosen, das heißt die Endprodukte. Betriebswirtschaftlich heißt das, die Leistung wird erstellt durch Kombinationen der Leistungs- beziehungsweise der Produktionsfaktoren. Das Hauptziel jedes erwerbswirtschaftlichen Unternehmens in der Wirtschaft ist aber, *Gewinn* zu erarbeiten. Das bedeutet nichts anderes, als daß das Leistungsergebnis größer ist als der Leistungseinsatz; oder bei gemeinwirtschaftlichen Unternehmen, daß nicht mehr an Leistungsfaktoren eingesetzt wird, als an Leistungsergebnis erzielt wird. Andernfalls müßte eine außenstehende Stelle immer Zuschüsse leisten, damit das Unternehmen bestehen kann (zum Beispiel Steuerzuschüsse bei mit Verlust arbeitenden Staatsbetrieben). Das *Wirtschaftlichkeitsprinzip* fordert, daß eine bestimmte Leistung (das Ziel) mit einem minimalen Einsatz von Leistungsfaktoren erfolgen muß *(Sparsamkeits- oder Minimalprinzip)* oder daß mit einem bestimmten Einsatz ein maximales Leistungsergebnis erzielt werden soll *(Ergiebigkeits- oder Maximalprinzip)*.

Was heißt aber „möglichst sparsam oder ergiebig einsetzen im Vergleich zum Leistungsergebnis"? Mit den unserem Produktionsleiter zur Verfügung stehenden Zahlenangaben ist eine solche Beurteilung nicht möglich, denn er kann nicht 1.500 Meter Stoff mit 44.000 Minuten Arbeitszeit und 30.000 Minuten Maschinenzeit sowie 1.000 Quadratmeter Raumfläche addieren, um die Wirtschaftlichkeit des Einsatzes mit dem Ergebnis von 10.000 Stück Hosen zu vergleichen. Solange der Produktionsleiter sich im technischen Arbeitsfeld bewegt, arbeitet und plant er mit den Mengenangaben. Seine Maßgrößen sind *Produktivitätskennziffern* oder technische Leistungsangaben wie Arbeitsminuten/Stück, erarbeitete Minuten/Schicht, verbrauchte Mengen/Leistungseinheit, Kilowatt/Maschinenstunde. Für die wirtschaftliche Betrachtung muß der Produktionsleiter diese Mengenangaben wirtschaftlich vergleichbar und addierbar machen. Er bewertet sie mit einer einheitlichen Maßgröße, dem Geldwert.

Der in Geld ausgedrückte, betriebsnotwendige Güter- und Dienstleistungsverzehr (Einsatz an Leistungsfaktoren) wird als *Kosten* definiert. Die Bewertung der verzehrten Menge erfolgt mit dem jeweiligen Preis der Mengeneinheit. Alle Leistungsfaktoren, ob Arbeitsleistung, Material, Maschinen, ob Raum oder Energie, müssen am dafür zuständigen Markt beschafft und mit Geld bezahlt werden. Der Preis pro Mengeneinheit liegt fest, bevor der Verzehr des Leistungsfaktors beginnt. Die Kosten des Leistungsfaktors kann unser Produktionsleiter aus den ihm bekannten Verbrauchs- beziehungsweise Verzehrmengen, multipliziert mit dem jeweiligen Beschaffungspreis pro Faktoreinheit, errechnen. Mathematisch ausgedrückt heißt das:

$$K = m \cdot p$$

K = Kosten; m = Menge; p = Preis des Leistungsfaktors

Den so errechneten Kosten steht die in Geld bewertete erbrachte *Leistung* gegenüber. Der Geldwert für die erbrachte Leistung ist ebenfalls der Preis. Im Unternehmen werden aber verschiedene Preise benutzt. Außer dem am Markt erzielbaren Marktpreis gibt es für innerbetriebliche Verrechnungen in der Regel einen fiktiven *innerbetrieblichen Verrechnungspreis*. Auch der *Kalkulationspreis, Planpreis, Selbstkostenpreis* sind innerbetriebliche Rechnungsgrößen, die zu verschiedenen Zwecken ermittelt werden, keineswegs aber mit dem echten Preis am Markt verwechselt werden dürfen. Die wirkliche Bewertung des Produktes wird nicht vom Betrieb, sondern vom Markt vorgenommen. Am Markt entwickelt sich der Preis in der freien Wirtschaft aus Angebot und Nachfrage; dieser Gesetzmäßigkeit kann sich kein Betrieb in einem Wettbewerbsmarkt entziehen. Lediglich auf staatlich kontrollierten Märkten oder bei Monopolen erfolgt eine andere Preisbildung, die hier aber nicht interessieren soll. Unser Produktionsleiter kann also den Preis des in seiner Produktion hergestellten Produktes nicht beeinflussen. Will er im Sinne des Unternehmensziels einen Gewinn (also einen Überschuß des Leistungsergebnisses über den Leistungseinsatz) erreichen, muß er die Kosten in den Grenzen des vom Markt vergüteten Preises halten. Das erste Ziel des Produktionsleiters ist also, die Kosten seines Bereichs zu begrenzen. Dazu muß er sie kennen, erfassen und kontrollieren. Für ihn ist es demnach notwendig, die verschiedenen Arten der Kosten entsprechend dem Verbrauch der verschiedenen Leistungsfaktoren zu unterscheiden, die entsprechenden Verzehrmengen zu erfassen, mit dem Preis zu bewerten und das

Ergebnis laufend zu kontrollieren und mit seinem Ziel zu vergleichen.

Welche verschiedenen Kostenarten ergeben sich dabei für den Produktionsleiter?

1.1 Die Kostenartenrechnung

Die Kosten, so haben wir erfahren, werden als betriebsnotwendiger Güter- und Leistungsverzehr definiert. Die Einschränkung *betriebsnotwendig* sagt, daß Geldausgaben für andere Güter, wie zum Beispiel außer Dienst gestellte Maschinen, keine Kosten sind. Notwendige Ersatzmaschinen dagegen sind betriebsnotwendig, auch in der Zeit, in der sie nicht genutzt werden.

Entsprechend den verschiedenen Leistungsfaktoren unterscheidet man verschiedene *Kostenarten.* Unser Produktionsleiter stellt diese zusammen oder läßt sie von einer dazu bestimmten Abteilung ermitteln, die je nach Unternehmen „Betriebswirtschaftliche Abteilung", „Rechnungswesen", „Controlling" oder „Informations-Zentrum" genannt wird.

1.1.1 Die Arbeitskosten

Einer der wesentlichen Leistungsfaktoren im Betrieb ist der Faktor Arbeit. Daher bestimmt der Produktionsleiter entsprechend dem Verzehr an Arbeitsleistung zunächst die *Arbeitskosten.* Der Verzehr an Arbeitsleistung wird in Stunden oder Minuten gemessen.

Bewertet wird die Menge mit dem Preis, das heißt, mit dem Lohn pro Zeiteinheit. Die vorliegenden Unterlagen zeigen dem Produktionsleiter, daß im letzten Jahr folgende Löhne beziehungsweise Gehälter gezahlt wurden:

für Facharbeiter 3.300.000,— DM = Fertigungslöhne
für Hilfsarbeiter 160.000,— DM = Fertigungshilfslöhne
für Gehälter 300.000,— DM = Fertigungsgehälter

Diese Beträge schließen die Bezahlung des Urlaubs und der Feiertage sowie Lohnfortzahlung ein.

Dazu kommen die Arbeitgeberanteile zur Sozialversicherung:

für Facharbeiter	700.000,— DM
für Hilfsarbeiter	40.000,— DM
für Gehaltsempfänger	50.000,— DM
Sozialbeiträge gesamt	790.000,— DM

Umgerechnet auf die drei Arten der Mitarbeiter ergeben sich als Arbeits- beziehungsweise *Personalkosten einschließlich der Sozialbeiträge*:

für Facharbeiter 4.000.000,— DM
für Hilfsarbeiter 200.000,— DM
für Gehaltsempfänger 350.000,— DM

1.1.2 Die Werkstoffkosten

Ein weiterer in der Produktion sofort auffallender Leistungsfaktor ist das zu verarbeitende Material. In der Betriebswirtschaftslehre spricht man vom Leistungsfaktor *Werkstoff*. Dieser umfaßt alle Güter, die verbraucht werden, die also beim Produktionsprozeß nicht erhalten bleiben – im Gegensatz zu den Gütern, die gebraucht beziehungsweise genutzt werden und dem Unternehmen längere Zeit zur Verfügung stehen (zum Beispiel Maschinen).

1.1.2.1 Die Materialkosten (Kosten für Roh- und Hilfsstoffe)

Der Produktionsleiter verbraucht in seinem Bereich sowohl Stoffe für die Anzüge und Jacken wie auch Nähgarn, Knöpfe und Einlagematerial. Diese Materialien, die in das Produkt eingehen, werden Roh- beziehungsweise Hilfsstoffe genannt. *Rohstoffe* stellen dabei den Hauptbestandteil, im Fall unseres Unternehmens also die Anzugstoffe. *Hilfsstoffe* sind ergänzende Materialien, in unserem Fall die Zutaten wie Nähgarn und Knöpfe. Bei Durchsicht der Rechnungen des letzten Jahres stellt der Produktionsleiter fest, daß folgende Roh- und Hilfsstoffe (Oberstoffe, Futterstoffe, Einlagen, Nähgarn, Knöpfe) für die Produktion gekauft wurden:

für Sakkos	1.600.000,– DM
für Anzüge	3.200.000,– DM
für Hosen	1.000.000,– DM
für Freizeitjacken	1.200.000,– DM
für Freizeithosen	700.000,– DM

Außerdem erfährt er, daß noch ein Lagerbestand von insgesamt 3.500.000,– DM der verschiedensten Materialien zu Beginn des Jahres am Lager war. Damit standen im laufenden Jahr Roh- und Hilfsstoffe für insgesamt 11.200.000,– DM zur Verfügung. Waren dies nun Kosten? Die gesamten Materialien mußten sicher bezahlt werden, die finanzielle Belastung war also gegeben. Kosten, so hat der Produktionsleiter inzwischen gelernt, sind Güterverzehr. Ist die gesamte Menge an Material denn auch verzehrt worden? Auf Rückfrage erfährt der Produktionsleiter, daß am Ende des Jahres noch Material im Wert von 3.800.000,– DM am Lager lag. Demnach sind von der zur Verfügung stehenden Menge für die laufende Produktion nur 7.400.000,– DM verzehrt worden, das heißt, es sind *Materialkosten* (Kosten für Roh- und Hilfsstoffe) in dieser Höhe angefallen.

1.1.2.2 Die Betriebsstoffkosten

Zu den Werkstoffen zählen nicht nur die Roh- und Hilfsstoffe, sondern alle Stoffe im weitesten Sinn, die verbraucht wurden. Verbraucht wurden aber auch Stoffe wie Öl als Schmierstoff und Energieträger, Gas, Wasser und Strom. Diese Stoffe gehen aber nicht in das Produkt ein, sondern werden bei der Verarbeitung verbraucht, Gas und Strom als Energieträger, Wasser als Dampf beim Bügeln. Darüber hinaus wird Wasser auch für sanitäre Zwecke für das Produktionspersonal benötigt. Zunächst erschien es dem Produktionsleiter kaum möglich, für seinen Bereich den Verzehr dieser Stoffe zu ermitteln. Er erfährt aber, daß es im Unternehmen mehrere Zähler für die einzelnen *Betriebsstoffe* gibt, so daß der Verbrauch in der Produktion durchaus ermittelt werden kann. Aus den Abrechnungen kann er entnehmen, daß im letzten Jahr folgender Verbrauch für seinen Bereich berechnet wurde:

Gas/Wasser	40.000,— DM
Strom	80.000,— DM

1.1.2.3 Das Büromaterial

Bei weiteren Überlegungen erkennt der Produktionsleiter, daß damit sein Verbrauch an Werkstoffen noch nicht erschöpft ist. In seinem Bereich wurden Vordrucke für die Produktionsaufträge, für die Akkordabrechnung, für Zeitaufnahmen, für Ablaufpläne und so weiter gebraucht. Auch weiteres Kleinmaterial für Büroarbeiten war notwendig. Im einzelnen handelte es sich sicherlich nicht um große Beträge, aber im Laufe des Jahres summierten sich auch diese Ausgaben. Da es keinen Bestand wie bei Rohmaterial in nennenswerter Höhe gibt oder das jeweils am Jahresende noch vorhandene *Büromaterial* ungefähr immer in gleicher Höhe vorhanden ist, kann er die Rechnungen und Quittungen über die laufenden Bezüge als Unterlagen für den Verzehr nehmen. Eine Addition all dieser Ausgaben ergibt die Summe für:

Büromaterial   40.000,— DM

Der Produktionsleiter ist doch überrascht, daß sich eine solche Summe im Laufe des Jahres ergibt, und kommt zu der Erkenntnis, daß es sich auch lohnt, diesen Verbrauch zu kontrollieren. Es kommt ein Tausender zum anderen, und 10 Prozent Ersparnis beim Büromaterial sind auch 4.000,— DM.

1.1.3 Die Kosten der Betriebsmittel

In der Betriebswirtschaftslehre kennen wir eine weitere Gruppe an Leistungsfaktoren, die nicht verbraucht, sondern gebraucht werden, die *Betriebsmittel*. Dem Produktionsleiter fallen sofort die Maschinen auf. Er erfährt, daß im letzten Jahr für insgesamt 100.000,— DM Maschinen gekauft und bezahlt wurden und daß zu Beginn des Jahres Maschinen im Wert von 620.000,— DM im Unternehmen vorhanden waren. Der Produktionsleiter geht davon aus, daß sie alle „betriebsnotwendig" sind. Wie verhält es sich also mit dem Verzehr? Die Maschinen sind am Ende des Jahres noch alle voll leistungsfähig vorhanden, es ist keine Maschine „verzehrt" worden. Ist wirklich nichts verzehrt worden?

1.1.3.1 Die Abschreibungen

Materiell sind die Maschinen sicher voll erhalten geblieben, aber haben sie auch noch den gleichen Wert? Ist tatsächlich kein Werteverzehr eingetreten? Aus Erfahrung mit unserem eigenen Pkw wissen wir, daß wir ein Jahr nach der Anschaffung für unseren Wagen als Gebrauchtwagen nur noch einen geringen Preis bekommen, obwohl das Fahrzeug noch voll leistungsfähig ist. Offensichtlich hat das Fahrzeug nicht mehr den gleichen Wert wie als Neuwagen. Wie wir wissen, sinkt der Wert von Jahr zu Jahr. Entsprechend wird auch bei den Maschinen unseres Produktionsleiters ein Werteverzehr stattfinden. Folglich muß er diesen Werteverzehr bei seinen Betriebsmitteln ebenfalls erfassen. Da er aber die Maschinen nicht verkaufen will, bekommt er kein Angebot. Auch gibt es keine Listen über die Vielzahl der Gebrauchtmaschinen, wie wir das von den Fahrzeugen kennen. Trotzdem muß der Produktionsleiter davon ausgehen, daß jede Maschine laufend an Wert verliert und daß dieser Werteverzehr folglich als Kosten zu erfassen ist. Nicht die Anschaffung der Maschinen mit dem Anschaffungspreis entspricht also den Kosten eines Jahres, sondern der Werteverzehr, den die Maschinen erleiden. Da der Produktionsleiter keine Unterlagen hat, wendet er sich an den Kostenrechner der Abteilung Rechnungswesen. Dieser erläutert dem Produktionsleiter seine Überlegungen. Der Kostenrechner geht davon aus, daß eine bestimmte Maschine erfahrungsgemäß fünf Jahre genutzt werden kann, dann ist sie veraltet. Man bekommt dann höchstens noch den Schrottwert. Den Preis für diesen „Rest" der Maschine nennt der Kostenrechner daher *Restwert*. Dieser Restwert wird demnach nicht verzehrt. Die Differenz zwischen dem Anschaffungspreis und dem Restwert nach fünf Jahren wird also im Laufe dieser Zeit verzehrt. Bei einer Maschine, die 13.000,— DM gekostet hat und die nach fünf Jahren noch einen Restwert von 3.000,— DM hat, ist also ein Werteverzehr in Höhe von 10.000,— DM eingetreten.

Unser Produktionsleiter erfährt vom Kostenrechner, daß er nicht im einzelnen nachprüfen kann, wie der Verzehr auf die fünf Jahre verteilt ist. Er geht daher fiktiv von einer gleichmäßigen Verteilung des Werteverzehrs aus. Demnach hat die Maschine pro Jahr 2.000,— DM an Wert verloren, der Werteverzehr betrug also 2.000,— DM. In den Bestandsunterlagen, in denen die Maschine geführt wird, wird daher in jedem Jahr von dem jeweils verbleibenden Wert der Betrag von 2.000,— DM abgezogen oder, wie man in der Wirtschaftssprache sagt, abgeschrieben. Dementsprechend wird der abgeschriebene Betrag auch *Abschreibung* genannt. Rechnerisch stellt sich die Ermittlung und durchführung der Abschreibung demnach wie folgt dar:

$$\text{Abschreibung pro Jahr} = \frac{\text{Anschaffungspreis} - \text{Restwert}}{\text{Anzahl der Nutzungsjahre}}$$

und damit für unser Beispiel:

$$A = \frac{13.000,- - 3.000,-}{5} = 2.000,- \text{ DM}$$

In der Bestandskartei der Buchhaltung wird der Wert der Maschine folgendermaßen festgehalten:

Anschaffungspreis	13.000,— DM
Abschreibung im 1. Jahr	2.000,— DM
Buchwert nach dem 1. Jahr	11.000,— DM
Abschreibung im 2. Jahr	2.000,— DM
Buchwert nach dem 2. Jahr	9.000,— DM
Abschreibung im 3. Jahr	2.000,— DM
Buchwert nach dem 3. Jahr	7.000,— DM
Abschreibung im 4. Jahr	2.000,— DM
Buchwert nach dem 4. Jahr	5.000,— DM
Abschreibung im 5. Jahr	2.000,— DM
Restwert nach dem 5. Jahr	3.000,— DM

Den am Ende eines jeden Jahres rechnerisch ermittelten, noch verbliebenen Wert nennen wir *Buchwert* im Gegensatz zum *Marktwert*, der sich bei einem eventuellen Verkauf ergeben würde. Der Buchwert kann sich vom Marktwert unterscheiden, da sich der Buchwert aufgrund einer angenommenen Wertminderung errechnet. Bei der Wertminderung können wir auch eine andere als die beschriebene *gleichmäßige (lineare)* Entwicklung voraussetzen. So wissen wir, daß unser Pkw im ersten Jahr nach dem Kauf einen höheren Wertverlust erleidet als in den jeweils folgenden Jahren. Die jährliche Wertminderung, das heißt Abschreibung, verläuft also nicht „linear", sondern abnehmend, genannt *degressiv*. So kann auch der Kostenrechner für seine Abschreibungen einen degressiven Verlauf annehmen. In der Praxis haben sich für die Berechnung zwei Verfahren herausgebildet. Dabei hat vor allem die geometrisch degressive Abschreibung in der Praxis Bedeutung gewonnen. Bei dieser Abschreibungsmethode wird der jährliche Abschreibungssatz in Form eines Prozentsatzes festgelegt, der jeweils vom verbliebenen Buchwert abgesetzt wird.

In der Bestandskartei ergibt sich dann folgende Wertentwicklung:

Anschaffungspreis	13.000,— DM
Abschreibung im 1. Jahr: 30 %	3.900,— DM
Buchwert nach dem 1. Jahr	9.100,— DM
Abschreibung um 2. Jahr: 30 %	2.730,— DM
Buchwert nach dem 2. Jahr	6.370,— DM
Abschreibung im 3. Jahr: 30 %	1.911,— DM
Buchwert nach dem 3. Jahr	4.459,— DM

und so weiter.

Da immer nur ein bestimmter Prozentsatz vom Buchwert abgeschrieben wird, verbleibt jedesmal ein weiterer Restwert, auch wenn er noch so klein ist. Für den Kostenrechner besteht das rechnerische Problem dieser Abschreibungsmethode darin, den richtigen Prozentsatz zu ermitteln, damit am Ende der Nutzungsdauer der gewünschte Restwert übrig bleibt.

Diese Berechnung erfolgt nach folgender Formel:

$$p = 100 \cdot \left(1 - \sqrt[n]{\frac{RW}{AP}}\right)$$

p = Prozentsatz, n = Anzahl der Jahre der Nutzungsdauer;
RW = Restwert, AP = Anschaffungspreis

Gehen wir wieder vom obigen Beispiel aus, ergibt sich folgende Rechnung:

$$p = 100 \cdot \left(1 - \sqrt[5]{\frac{3.000}{13.000}}\right) \approx 25\,\%$$

Erscheint dem Kostenrechner die so errechnete jährliche Abschreibung gegenüber dem echten Werteverzehr zu hoch, kann er auch errechnen, welcher Restwert sich ergibt, wenn er von einem bestimmten prozentualen Werteverzehr ausgeht. Will er also bei einem angenommenen Prozentsatz und einer festgelegten Nutzungsdauer den sich rechnerisch ergebenden Restwert ermitteln, kann er nach folgender Formel vorgehen:

$$RW = AP \cdot \left(1 - \frac{p}{100}\right)^n$$

Für unser Beispiel bedeutet das:

$$RW = 13.000 \cdot \left(1 - \frac{30}{100}\right)^5 \approx 2.185,-\, DM$$

Es bleibt nun der Beurteilung des Kostenrechners überlassen, ob der so errechnete Restwert am Schluß der fünf Jahre für die alte Maschine beim Verkauf noch erzielt werden kann.

Nun kann der Kostenrechner auch zu der Auffassung kommen, daß er zwar am Anfang 30 Prozent abschreiben sollte, daß aber trotzdem der Restwert 3.000,— DM sein soll. In einem solchen Fall wird in den ersten Jahren degressiv abgeschrieben und dann zur linearen Abschreibung übergegangen. Demnach wird zunächst 30 Prozent angenommen, von einem bestimmten Jahr an – zum Beispiel dem dritten Jahr – wird der noch verbleibende Werteverzehr vom Buchwert des zweiten Jahres bis zum Restwert des fünften Jahres gleichmäßig verteilt. Daraus ergibt sich folgende Wertentwicklung:

Anschaffungspreis	13.000,— DM
Abschreibung im 1. Jahr: 30 %	3.900,— DM
Buchwert nach dem 1. Jahr	9.100,— DM
Abschreibung im 2. Jahr: 30 %	2.730,— DM
Buchwert nach dem 2. Jahr	6,370,— DM
Abschreibung im 3. Jahr: linear	1.123,— DM
Buchwert nach dem 3. Jahr	5.247,— DM
Abschreibung im 4. Jahr: linear	1.123,— DM
Buchwert nach dem 4. Jahr	4.124,— DM
Abschreibung im 5. Jahr: linear	1.124,— DM
Restwert	3.000,— DM

Bei bestimmten Maschinen weiß man aus Erfahrung, daß ihre Nutzungsdauer nicht so sehr von der Anzahl der Jahre abhängt, sondern wesentlich mehr von der erbrachten Leistung. Ähnlich verhält es sich ja auch bei unserem Pkw, bei dem man davon ausgehen kann, daß etwa nach 150 000 Kilometer Fahrleistung die Reparaturen sehr teuer werden und es günstiger ist, ein neues Fahrzeug zu kaufen.

Ähnlich kann der Kostenrechner bei der Beispielmaschine eine Gesamtleistung von 8.000 Maschinenstunden erwarten. Nach dieser Leistung hat die Maschine den angenommenen Schrottwert von 3.000,— DM. Folglich kann der Gesamtwerteverzehr von 10.000,— DM auf die 8.000 Stunden verrechnet werden. Daraus errechnet der Kostenrechner:

$$\text{Abschreibung/Stunde} = \frac{10.000}{8.000} = 1{,}25 \text{ DM}$$

Entsprechend der jährlichen Laufzeit wird dann die Abschreibung berechnet. Man nennt dies *Abschreibung nach Leistung*. Der Kostenrechner errechnet folgende Werte:

Anschaffungspreis	13.000,– DM
Laufzeit 1. Jahr: 1.700 Stunden à 1,25 DM	2.125,– DM
Buchwert nach dem 1. Jahr	10.875,– DM
Laufzeit 2. Jahr: 1.400 Stunden à 1,25 DM	1.750,– DM
Buchwert nach dem 2. Jahr	9.125,– DM
Laufzeit 3. Jahr: 1.500 Stunden à 1,25 DM	1.875,– DM
Buchwert nach dem 3. Jahr	7.250,– DM
Laufzeit 4. Jahr: 1.800 Stunden à 1,25 DM	2.250,– DM
Buchwert nach dem 4. Jahr	5.000,– DM
Laufzeit 5. Jahr: 1.600 Stunden à 1,25 DM	2.000,– DM
Restwert nach 8.000 Stunden Laufzeit	3.000,– DM

In den obigen Rechnungen ging der Kostenrechner von einem Restwert von 3.000,– DM aus. Dieser entspricht dem von ihm angenommenen Schrottwert, den er beim Verkauf der Maschine erzielen kann. Natürlich kann er auch von einem Restwert von 0,00 DM ausgehen, wenn er glaubt, beim Verkauf nichts erlösen zu können.

Grundsätzlich sind die Abschreibungsüberlegungen reine betriebswirtschaftliche Überlegungen aufgrund des dargelegten Gedankenganges. Da die Bewertung der Güter und der Wertverlust auch im Steuerrecht von Bedeutung sind, hat sich das Steuerrecht diese Überlegungen zu eigen gemacht und zum Zwecke der Gleichbehandlung aller Steuerpflichtigen rechtliche Grundsätze für Abschreibungen – im Steuerrecht Absetzung für Abnutzung (AfA) genannt – entwickelt. Nach diesen Grundsätzen ist für die sogenannte Steuerbilanz die AfA zu ermitteln. In der Kostenrechnung, die für unseren Produktionsleiter wichtig ist, kann der Kostenrechner aber von diesen Grundsätzen abweichen und die Abschreibung nach rein betriebswirtschaftlichen Überlegungen, so wie oben beschrieben, festlegen.

Daher werden im Rechnungswesen die Abschreibungen der Kostenrechnung ausdrücklich *kalkulatorische Abschreibungen* und die der Bilanz *bilanzielle Abschreibungen* genannt.

Für den Bereich unseres Produktionsleiters ermittelt der Kostenrechner für das abgelaufene Jahr:

Abschreibung für Maschinen in Höhe von 300.000,– DM

Der Produktionsleiter stellt aber auch fest, daß er nicht nur Gebrauchsgüter in Form von Maschinen hat, sondern verschiedene andere Einrichtungsgegenstände nutzt, die wir unter dem Sammelbegriff Geschäftseinrichtung zusammenfassen. Auch diese Güter stehen dem Produktionsleiter über mehrere Jahre hinweg zur Verfügung, so daß man sie abschreiben muß. Der Kostenrechner ermittelt:

Abschreibung für Geschäftseinrichtung in Höhe von 20.000,– DM

Zu den Gebrauchsgütern, die über mehrere Jahre hinweg einem Werteverzehr unterliegen, gehören auch die Räume, in denen der Bereich des Produktionsleiters untergebracht ist. Da die Räume Eigentum des Unternehmens sind, müssen auch hierfür entsprechende Abschreibungen ermittelt werden. Für den Anteil des Gebäudes, in dem die Produktionsräume untergebracht sind, kann die betriebswirtschaftliche Abteilung für anteilige

Abschreibungen für Gebäude in Höhe von 18.000,– DM

festhalten und der Kostenaufstellung hinzufügen.

1.1.3.2 Die Reparaturen

Kosten sind betriebsnotwendiger Güter- und Leistungsverzehr, so haben wir festgehalten. Bei seinen Betriebsmitteln stellt der Produktionsleiter aber nicht nur einen Werteverzehr bei den Gütern fest, sondern er muß auch Störungen bei den verschiedenen Gütern beseitigen und die Anlagen warten lassen, um sie leistungsfähig zu halten. Diese *Reparatur- und Wartungsleistungen* werden bei unserem Modellbetrieb von betriebsfremden Handwerkern durchgeführt. Auch diese Handwerkerleistungen muß der Produktionsleiter also in seiner Kostenaufstellung erfassen lassen. Die Durchsicht der Rechnungen ergibt folgende Beträge:

Reparatur an Produktionsanlagen	11.500,— DM
Reparatur am Gebäude (Fenster)	3.500,— DM
Malerarbeiten in seinen Räumen	8.000,— DM

Sofern er einen eigenen Mechaniker zur Reparatur seiner Maschinen beschäftigen würde, müßte er dessen Arbeitskosten sowie die gekauften Ersatzteile unter dieser Position erfassen.

1.1.3.3 Die weiteren Betriebsmittelkosten

Der Produktionsleiter hat sich bei der bisherigen Kostenzusammenstellung mit Betriebsmitteln wie Maschinen, Geschäftseinrichtungen und Räumen befaßt. Allen gemeinsam war, daß sie einen nennenswerten Preis hatten, daß sie gekauft wurden und dem Betrieb mehrere Jahre zur Verfügung stehen. Der Produktionsleiter hat aber auch eine Reihe von Betriebsmitteln, die nicht einen solch hohen Wert haben, die vielleicht 20,— DM, 300,— DM oder 700,— DM kosten. Derartige Güter nennen wir *geringwertige Wirtschaftsgüter*. Abgeleitet von der Steuergesetzgebung, liegt die Grenze für geringwertige Wirtschaftsgüter derzeit (1986) bei 800,— DM. Auch in der Kostenrechnung werden solche Güter nicht als Bestand erfaßt und über mehrere Jahre abgeschrieben, sondern sie werden sofort im ersten Jahr voll abgeschrieben. Man handelt also so, als ob diese sofort im ersten Jahr verzehrt würden, obwohl sie dem Betrieb viele Jahre zur Verfügung stehen. Dies ist eine vertretbare Vereinfachung, damit nicht all diese Güter erfaßt und laufend abgeschrieben werden müssen. Vermutlich würde sich das rechnerische Ergebnis nicht wesentlich verändern, da in jedem Jahr im ähnlichen Umfang derartige Anschaffungen gemacht werden. Auch unser Produktionsleiter benutzt derartige Güter wie zum Beispiel Stoppuhren, Zeichengeräte, Schreibmaschine, Fachliteratur und so weiter.

Statt Betriebsmittel zu kaufen, kann man Betriebsmittel auch mieten. Wenn dieses Mieten nach bestimmten vertraglichen Vereinbarungen erfolgt, die sich in der Wirtschaft entwickelt haben, spricht man von *Leasing*. Auch unser Produktionsleiter hat in seinem Bereich ein geleastes Gerät, den Bildschirm der EDV-Anlage. P. stellt fest, es fielen in seinem Bereich an für

weitere Betriebsmittelkosten   10.000,— DM

1.1.4 Die sonstigen Verwaltungskosten

Über den bisher beschriebenen Güter- und Leistungsverzehr hinaus gibt es noch eine Vielzahl verschiedener Arten eines solchen Verzehrs, die zwar in irgendeiner Form den oben genannten Leistungsfaktoren theoretisch zuzurechnen sind, bei denen aber eine Zurechnung häufig eine Aufschlüsselung der Beträge erforderlich machen würde oder aber eine solche Zurechnung mit unverhältnismäßig hohen Arbeitskosten verbunden wäre. Daher werden im Betrieb viele derartige Vorgänge als *sonstige Kosten* erfaßt. Zu nennen sind hier Versicherungsbeiträge für Gebäude und Maschinen, Betriebsunfallversicherung, Haftpflichtversicherung, Gebühren für Mitgliedschaften, für Berater, Reinigung der Räume und Anlagen, Geschäftsreisen von Betriebsangehörigen, Schulungen und viele Dinge mehr. Im Laufe des Jahres fallen eine große Zahl solcher verschiedener Vorgänge an, die Geld kosten und die somit einen bewerteten Güter- oder Leistungsverzehr darstellen. Unser Produktionsleiter muß also auch diese Beträge erfassen. Im letzten Jahr ergaben sich für seinen Bereich:

sonstige Verwaltungskosten   50.000,— DM

1.1.5 Die Kostenartenzusammenstellung

Unser Betriebsleiter hat auf diese Weise die in seinem Bereich anfallenden Kosten des letzten Jahres erfaßt und stellt sie zur besseren Übersicht in einer *Kostenartenrechnung* zusammen:

Fertigungslöhne		4.000.000,— DM
Fertigungshilfslöhne		200.000,— DM
Fertigungsgehälter		350.000,— DM
Materialkosten		7.400.000,— DM
Gas/Wasser/Strom		120.000,— DM
Büromaterial		40.000,— DM
Abschreibungen:	Maschinen	300.000,— DM
	Geschäftseinrichtung	20.000,— DM
	Gebäude, anteilig	18.000,— DM
Reparaturen:	Anlagen	11.500,— DM
	Gebäude, anteilig	3.500,— DM
	Gebäude, anteilig	8.000,— DM
weitere Betriebsmittelkosten		10.000,— DM
sonstige Verwaltungskosten		50.000,— DM
gesamte Kosten		**12.531.000,— DM**

Der Produktionsleiter P. nimmt sich vor, während des Jahres jeden Monat eine solche Aufstellung zu kontrollieren. Dann kann er wesentliche Veränderungen sofort erkennen und erlebt nicht erst zum Jahresende die Überraschung. Während des Jahres ist es ihm noch möglich, einzugreifen und gegenzusteuern. Damit wird diese Kostenartenrechnung zum Steuerungsinstrument. Herr P. liest wie von einem Kompaß ab, ob er von seinem bisherigen Kurs abgewichen ist oder ob sich die Kosten weiter im vorgesehenen Rahmen bewegen.

Der Produktionsleiter wird im weiteren Verlauf dieses Instrument noch verfeinern. Die einzelnen Kostenarten lassen sich noch weiter unterteilen, so daß noch besser und schneller festzustellen ist, wo sich Veränderungen ergeben haben. Wichtig ist aber, daß man bei der weiteren Untergliederung nicht übertreibt, denn zu umfangreiche Aufstellungen werden unübersichtlich. So wäre eine separate Kostenart „Bleistifte" oder „Schreibpapier" sicher übertrieben, auch wenn sie machbar wäre. In der Regel genügt eine Differenzierung in etwa 20 Positionen; es gibt auch Aufstellungen, die mit 15 wesentlichen Kostenarten sehr aufschlußreich sind. Wichtiger als die Zahl der Kostenarten ist, daß die Aufstellungen auch regelmäßig und nicht erst Monate später gemacht werden, wenn schon längst eine Änderung hätte veranlaßt werden müssen. Spätestens ab dem 20. des folgenden Monats sollten derartige Übersichten fertig sein.

Als weitere sehr wesentliche Verbesserung wird der Produktionsleiter sich nicht mehr nur mit der Feststellung der *Istkosten*, das heißt der tatsächlich aufgetretenen Kosten, befassen, sondern sich Gedanken über die zukünftigen Kosten machen. Er wird sich Ziele setzen, wie hoch die einzelnen Kosten sein dürfen. Er wird eine *Kostenartenplanung* erstellen und monatlich die von ihm geplanten Kosten *(Plankosten)* vergleichen mit den tatsächlich aufgetretenen Kosten (Istkosten). P. vergleicht also nicht mehr frühere Istkosten mit neueren Istkosten – ein Vergleich von Schlendrian mit Schlendrian, wie der Nestor der modernen Betriebswirtschaft, Professor Eugen Schmalenbach (1873 – 1955), das einmal genannt hat –, sondern er vergleicht seine Plankosten mit den Istkosten. Diese Planungsrechnungen kann er immer mehr verfeinern. Die Betriebswirtschaftslehre hat eine Reihe von derartigen Systemen entwickelt, auf die im Kapitel 3 weiter eingegangen wird.

Was für den Bereich der Fertigung gilt, gilt genauso für das gesamte Unternehmen. Auch in den übrigen Bereichen werden ähnliche Aufstellungen erforderlich sein. Alle Bereiche ergeben zusammengefaßt eine Kostenartenrechnung des gesamten Unternehmens. Dabei werden weitere Kostenarten auftreten, die der Produktionsleiter in seinem Bereich nicht vorfindet oder die er nicht für seinen Bereich getrennt ermitteln kann.

Als interessierter Mitarbeiter möchte er aber in Bereichsleiterbesprechungen allen Diskussionen folgen und auch mitsprechen können. Daher möchte er auch wissen, welche weiteren Kosten es in seinem Unternehmen gibt. Der Kostenrechner kann ihm dazu die notwendigen Erläuterungen geben.

1.1.6 Die Kosten in den übrigen Unternehmensbereichen

Selbstverständlich fallen in den übrigen Unternehmensbereichen ähnliche Kosten wie in der Produktion an. Sie sind wie in der Produktion auf die eingesetzten betriebswirtschaftlichen Leistungsfaktoren zurückzuführen. Einige Kostenarten stimmen im Prinzip mit den schon bekannten Kostenarten überein. So gibt es in den anderen Bereichen Arbeitskosten genauso wie Betriebsmittelkosten und auch bestimmte Werkstoffkosten. Allerdings haben sie zum Teil einen bereichsspezifischen Charakter. Es gibt zwar keine Fertigungslöhne im Absatzbereich, dafür aber andere Arten von Entlohnung.

1.1.6.1 Arbeitskosten

Alle Lohn- und Gehaltszahlungen stellen ein Entgelt für die Arbeitsleistung dar. Wir können sie unterscheiden nach der Art des Arbeitsvertrages, der Berechnung oder nach den Arten der angefallenen Arbeitsleistung.

Nach dem Arbeitsvertrag unterscheiden wir zwischen *Angestellten* und *Arbeitern*. Die arbeitsrechtlichen Unterschiede wurden in den vergangenen Jahren immer mehr eingeebnet. Hinsichtlich der Entgeltbezeichnung wird aber noch an der Unterscheidung zwischen *Gehalt* für Angestellte und *Lohn* für Arbeiter festgehalten. In der Regel wird das Gehalt als Monatsentgelt vereinbart und der Lohn als

Stundenentgelt, doch gibt es auch Wochen- oder Monatslöhne. Bei der Kostendifferenzierung ist eine Unterscheidung häufig nicht erforderlich. Unterschieden wird vor allem hinsichtlich der Art der erfolgten Arbeitsleistung, wie zum Beispiel Näherinnen, Bügler, Zuschneider, Fahrer, Packer, oder nach der Art der Berechnung, zum Beispiel Stundenlöhner und Akkordlöhner. Eine besonders zu erwähnende Art des Entgelts ist die Bindung an einen Erfolg. Neben den *Gewinnbeteiligungen* als *Tantieme* oder sonstige Arten der gewinnabhängigen Entgeltzahlungen ist vor allem die *Provision* zu nennen. Sie beinhaltet im Absatzbereich für den Außendienst einen Teil oder sogar das gesamte Entgelt. Grundlage der Umsatzprovision ist der Umsatz des Unternehmens. Die Provision wird als prozentualer Anteil vom Umsatz ermittelt. Dabei kann es für bestimmte Produkte durchaus unterschiedliche Prozentsätze geben. In unserer Bekleidungs-GmbH beträgt der vereinbarte Satz 6 Prozent. Damit ergibt sich als Zahlung an den Außendienst 6 Prozent von 20.000.000,— DM Umsatz:

1.200.000,— DM Provision

Als weitere Arbeitsleistung ist die des Unternehmers selbst zu erwähnen. In der Bekleidungs-GmbH ist der Unternehmer der Geschäftsführer. Als solcher bekommt er ein Gehalt wie jeder andere Angestellte auch; sein Gehalt ist also bei den Arbeitskosten in gleicher Weise zu erfassen. Es beträgt einschließlich Sozialbeiträge:

150.000,— DM Geschäftsführergehalt

Anders würde es sich darstellen, wenn das Unternehmen die Rechtsform eines Einzelunternehmens, einer OHG oder einer KG haben würde. In diesen Fällen haben die Unternehmensleiter nicht die rechtliche Stellung eines Angestellten und beziehen daher kein Gehalt. Ihre Einkünfte sind ein Teil des Gewinnes. Ohne Zweifel arbeitet dieser Unternehmer aber in gleicher Weise wie der Geschäftsführer der GmbH. Auch seine Arbeitsleistung wird verzehrt. Der Teil des Gewinnes, den er als Entgelt für seine Arbeitsleistung zu bekommen hat, entspricht demnach voll und ganz dem Gehalt des Geschäftsführers. Es ist also auch eine besondere Kostenart, die Kostenart *Unternehmerlohn*. Diese Kostenart findet in der Buchhaltung und damit in der Bilanz keinen Niederschlag, da sie in diesem Rechnungswerk ein Teil des Gewinnes ist. In der Kostenrechnung sollte der Unternehmerlohn aber berücksichtigt werden. Folgerichtig wird vom *kalkulatorischen Unternehmerlohn* gesprochen, da er nur in der Kostenrechnung erscheint. Hier finden wir also eine Parallele zu den kalkulatorischen Abschreibungen, die auch die Abschreibungen der Kostenrechnung darstellen (siehe Kapitel 1.1.3.1).

1.1.6.2 Werkstoffkosten

Werkstoffe im Sinne von Roh- oder Hilfsstoffen werden hauptsächlich in der eigenen Produktion anfallen. Lediglich in der Modellabteilung werden diese Stoffe noch eingesetzt und gehen auch dort definitionsgemäß in die erstellten Produkte ein.

Der Produktionsleiter erfährt, daß von den beschafften Materialien in der Modellabteilung

    Stoffe und Zutaten in Höhe von insgesamt   500.000,— DM

verbraucht wurden.

Aber sowohl in der Modellabteilung wie auch in allen anderen Bereichen des Unternehmens fallen weitere Werkstoffkosten an, die zur Leistungserstellung in den einzelnen Bereichen erforderlich sind. Der Kostenrechner ermittelt weitere Kosten für:

    Büromaterial in Höhe von   200.000,— DM

Außerdem wird in allen Bereichen Energie verbraucht. Dafür werden ebenfalls die Kosten erfaßt, und zwar für:

Gas/Wasser in Höhe von   60.000,— DM
Strom in Höhe von   5.000,— DM

Der Fuhrpark, also die firmeneigenen Personen-, Lastkraft- und Lieferwagen, benötigt Benzin als eigene Energie. Zu den Betriebskosten müssen also noch die Benzinrechnungen hinzugerechnet werden. Es fielen im letzten Jahr an:

Benzinrechnungen in Höhe von   90.000,— DM

Diese erfaßten Summen könnte der Kostenrechner, wenn es erforderlich wäre, anhand der Unterlagen noch weiter differenzieren, doch gibt er sich zunächst mit dieser Zusammenfassung zufrieden.

1.1.6.3 Betriebsmittelkosten

Als Betriebsmittel wurden alle Güter bezeichnet, die dem längerfristigen Gebrauch dienen. Derartige Betriebsmittel gibt es in allen Unternehmensbereichen. Lediglich die Art des Betriebsmittels unterscheidet sich von denen der Fertigung. Für die anderen Bereiche treffen daher die gleichen Überlegungen wie für die Fertigung zu.

Aus den Unterlagen der Bekleidungs-GmbH kann der Kostenrechner erkennen, welche Abschreibungen in den übrigen Bereichen des Unternehmens angefallen sind:

Abschreibungen auf Maschinen   20.000,— DM
Abschreibungen auf Geschäftseinrichtung   60.000,— DM
Abschreibungen auf Gebäude   22.000,— DM

Darüber hinaus stellt er fest, daß die

Abschreibungen für den Fahrzeugpark   70.000,— DM

betragen.

Auch Reparaturen an den verschiedenen Betriebsmitteln sind selbstverständlich angefallen. So ermittelt der Kostenrechner:

Reparaturen an Anlagen	3.500,— DM
Reparaturen an Geschäftseinrichtung	15.000,— DM
diverse Reparaturen am Gebäude	16.500,— DM
Malerarbeiten	7.000,— DM
Kfz-Reparaturen	40.000,— DM

Geringwertige Wirtschaftsgüter, Leasing und so weiter gibt es ebenfalls in den übrigen Bereichen, und zwar als:

weitere Betriebsmittelkosten	110.000,— DM

1.1.6.4 Verwaltungskosten

Die Kostenart *Verwaltungskosten* ist verständlicherweise im übrigen Teil des Unternehmens noch umfangreicher vertreten als im Bereich der Fertigung. Daher werden sie in den anderen Bereichen auch weiter differenziert, als das im Fertigungsbereich üblich ist. Aus Vereinfachungsgründen soll an dieser Stelle nicht zu sehr untergliedert werden. Der größte Teil der Kosten wird daher zusammengefaßt zu:

sonstigen Verwaltungskosten	630.000,— DM

Darüber hinaus müssen Verwaltungskosten erfaßt werden, die zwar für alle Bereiche in irgendeiner Form zutreffen, die aber häufig den einzelnen Bereichen nicht getrennt zugerechnet werden können, da aus den Rechnungen nicht zu ersehen ist, wo sie angefallen sind. Dazu gehören bei der Bekleidungs-GmbH unter anderem die *Postgebühren.* Alle Bereiche sind mit Telefon ausgerüstet. Obwohl technisch möglich, werden die anfallenden Telefongebühren aber nicht getrennt erfaßt. Es ist daher nicht festzustellen, in welchen Bereichen die einzelnen Gespräche geführt wurden. Das gleiche gilt für die Briefmarken des anfallenden Schriftwechsels. Frankiert wird mit einer

Frankiermaschine. Es wird aber nicht notiert, von welchen Bereichen die Post geschrieben wurde. Daher ist es nur möglich, eine Kostenart Postgebühren insgesamt für das Unternehmen festzuhalten, und zwar:

Postgebühren   250.000,— DM

Eine wesentliche Summe machen auch die *Steuern* aus, die vom Unternehmen gezahlt werden müssen. Es ist dabei zu unterscheiden zwischen der Besteuerung des Gewinnes, des Vermögens und sonstigen Steuern.

Die Besteuerung des Gewinnes stellt eine Besteuerung des Überschusses dar und ist vom Gewinn abzuziehen. Diese Steuerart fällt daher nicht unter den Begriff der Kosten. Man unterscheidet deshalb den *Gewinn vor und nach Steuern* oder den *Brutto-* beziehungsweise *Nettogewinn.* Obwohl auch diese Steuern eine Bezahlung der Staatsleistung darstellen, erfaßt man sie in der Regel nicht als Kosten. Das gilt ebenfalls für die Vermögensteuer.

Es steht aber jedem Unternehmen frei, auch die Gewinnbesteuerung in Form der *Einkommen- oder Körperschaftsteuer* sowie die Vermögensteuer in seine Überlegungen einzubeziehen. Das Problem besteht darin, daß in den meisten Fällen eine Ermittlung des Gewinnes im Laufe des Jahres kaum möglich ist. Es ist aber empfehlenswert, bei bestimmten Berechnungen, zumBeispiel bei der Berechnung der Wirtschaftlichkeit von Investitionen, diese Steuern zu berücksichtigen, da sich durch eine Berücksichtigung durchaus ein anderes Ergebnis ergeben kann.

Die *Gewerbesteuer,* die auch eine Gewinnbesteuerung beinhaltet, wird in der Regel in die Kostenrechnung einbezogen. Die Mehrwertsteuer fällt im Wirtschaftsunternehmen nicht unter den Kostenbegriff (Näheres hierzu in Kapitel 2.3.7.1). Alle anderen Steuern und Gebühren sind als Kosten zu erfassen.

Der Werteverzehr ist als Verzehr der staatlichen oder kommunalen Leistungen zu sehen. In der Bekleidungs-GmbH fallen ohne Gewinnbesteuerung an:

Steuern und Gebühren in Höhe von 200.000,— DM

Zwei spezielle Arten von Kosten entstehen im Absatzbereich. Zunächst ist die *Werbung* zu nennen. Darunter sind alle Maßnahmen zu verstehen, die verkaufsfördernd wirken, angefangen bei Produktanzeigen über Prospekte, Dekorationsmaterial für die Kunden, Messebesuche bis zu Werbegeschenken und vieles mehr. Die Bekleidungs-GmbH hat im letzten Jahr ausgegeben für:

Werbung 520.000,— DM

Als weitere Kostenart des Absatzes lernt unser Produktionsleiter den Skontoabzug kennen. Das *Skonto* ist ein Betrag, den der Kunde vom Rechnungsbetrag abziehen darf, wenn er innerhalb einer bestimmten Frist zahlt. Die sogenannten Zahlungsbedingungen lauten dann zum Beispiel: „Zahlung innerhalb von 10 Tagen mit 3 % Skonto, nach 30 Tagen 2 %, nach 60 Tagen netto."

Von einer Rechnung in Höhe von 1.000,— DM kann der Kunde 30,— DM abziehen, wenn er innerhalb von 10 Tagen nach Rechnungseingang zahlt. Er kann 20,— DM abziehen, wenn er vor Ablauf von 20 Tagen zahlt, und muß spätestens nach 60 Tagen den vollen Betrag zahlen. Eine solche Zahlungskondition soll den Kunden veranlassen, schnellstens zu zahlen, da das Unternehmen daran interessiert ist, schnell wieder über Geld zu verfügen, um seine eigenen Rechnungen bezahlen zu können. Im Unternehmen sind im letzten Jahr angefallen:

Skontoabzüge 700.000,— DM

Auch die Bekleidungs-GmbH kann bei den Rechnungen ihrer Lieferanten Skonto abziehen und hat dann eine besondere Art Ertrag. Für den Produktionsleiter und alle anderen Bereichsleiter spielt das Skonto daher ebenfalls eine Rolle. Da auch sie Bezieher von Gütern irgendwelcher Art sind, müssen sie dafür Sorge tragen, daß die eingehenden Rechnungen schnellstens geprüft und zur Bezahlung an die zuständige Stelle weitergegeben werden, damit die Skontofrist eingehalten werden kann und der mögliche Skontoertrag nicht verloren geht.

Der Kostenrechner weist unseren Produktionsleiter darauf hin, daß der Verlust des Skontoabzuges ein entgangener Ertrag in erheblicher Höhe ist. Selbst wenn ein Unternehmen Kredit aufnehmen muß, um die Rechnungen unter Abzug von Skonto bezahlen zu können, ist dies von Vorteil.

Das zeigt uns folgende Rechnung: Wenn die Bekleidungs-GmbH eine Rechnung am 10. Tag bezahlt, kann sie 3 Prozent Skonto abziehen. Nach 60 Tagen muß sie den vollen Betrag bezahlen. Für die Zahlungsverzögerung von 50 Tagen verliert sie also 3 Prozent. Umgerechnet auf ein Jahr sind das $365 : 50 \cdot 3 = 21,9$ Prozent. So teuer ist kein normaler Bankkredit! Bei einer Zahlungskondition wie zum Beispiel 10 Tage 2 Prozent, 30 Tage netto ergibt sich ein Betrag von 2 Prozent für die Zahlungsverzögerung von 20 Tagen, bei 365 Tagen also 36,5 Prozent. Es lohnt sich also fast immer, sofort unter Abzug des Skontos zu bezahlen. Der Produktionsleiter muß demnach eine Verzögerung beim Eingang und der Kontrolle von Gütern vermeiden, denn eine Rechnung sollte erst dann bezahlt werden, wenn der Gütereingang kontrolliert und mit der Rechnung verglichen ist. Durch die Skontobetrachtung kommen wir zu einer weiteren Kostenart, den *Zinsen*. Kaum ein Unternehmen hat soviel Geld von den Inhabern oder Gesellschaftern als Einlagen zur Verfügung gestellt bekommen, daß es auf Kredite verzichten kann. Kredite sind aber nicht ohne Zinsberechnung zu bekommen. Als Entgelt für die Leistung der Bank, Geld zur Verfügung zu stellen, verlangt diese die Zahlung eines jeweils vereinbarten Zinses, der in Prozent von der Summe des bereitgestellten Kapitals vereinbart wird. Bei 9 Prozent Zins muß das Unternehmen für 100.000,— DM Darlehen 9.000,— DM Zinsen im Jahr bezahlen. Das Unternehmen verzehrt die Bankleistung in Höhe dieses Betrages, hat also entsprechende Kosten. Die Kreditinanspruchnahme wird im Laufe des Jahres schwanken. Die Zinsberechnung muß deshalb einzeln für die verschiedenen Kreditpositionen erfolgen. In der Bekleidungs-GmbH erfolgten im letzten Jahr:

Zinszahlungen in Höhe von 450.000,– DM

1.1.6.5 Exkurs

In vielen Unternehmen ist es üblich, in der Kostenrechnung nicht zwischen Finanzierung durch Kredite *(Fremdkapital)* oder durch eigene Mittel *(Eigenkapital)* zu unterscheiden. Auch das Eigenkapital des Inhabers oder der Gesellschafter wird in der Erwartung zur Verfügung gestellt, daß dafür ein Entgelt erwirtschaftet wird. In der Bilanz schlägt sich dieses erwirtschaftete Entgelt als Gewinn nieder. In der Kostenrechnung geht man davon aus, daß auch die zur Verfügungstellung von Eigenkapital eine Leistung ist, die, genau wie die Bankleistung, einen Leistungsverzehr darstellt und damit „bezahlt" werden muß.

Daher spricht man auch von *Eigenkapitalverzinsung.* Es wird in der Kostenrechnung also jeder Kapitaleinsatz mit einem Zins als Kosten verbunden, unabhängig davon, ob der Zinsbetrag an fremde Kapitalgeber ausgezahlt wird oder sich letztendlich in Form des Gewinnes für die Eigenkapitalgeber niederschlägt. Man spricht in solchen Fällen von *kalkulatorischen Zinsen.* Diese Überlegung bietet sich schon dadurch an, daß man in vielen Fällen des Kapitaleinsatzes nicht im einzelnen nachvollziehen kann, ob fremdes oder eigenes Geld für die jeweilige Investition eingesetzt wird.

In theoretischen Kostenbetrachtungen wird der Eigenkapitalzins als *Opportunitätskosten* bezeichnet. Dabei geht man von der Überlegung aus, daß beim Einsatz der Kapitalsumme an anderer Stelle ein Zins hätte erzielt werden können und der Eigenkapitalgeber auf diese Möglichkeit zugunsten des Einsatzes im eigenen Unternehmen verzichtet hat. Dieser Verzicht stellt also einen Verzehr des anderweitig entgangenen Zinses dar und muß daher in die Kostenüberlegungen mit einbezogen werden. Diese Überlegungen des kalkulatorischen Zinses werden aber nicht in allen Unternehmen angestellt; auch in unserer Bekleidungs-GmbH wird auf diese Möglichkeit verzichtet.

Außer den uns bisher bekannten kalkulatorischen Kosten

- kalkulatorische Abschreibungen,
- kalkulatorischer Unternehmerlohn und
- kalkulatorische Zinsen

gibt es in der Kostenrechnung noch weitere kalkulatorische Kosten. Bei unserer Bekleidungs-GmbH könnten wir zum Beispiel die Gebäude-Abschreibungen und die Gebäudeerhaltung zusammenfassen und in der Kostenrechnung zu einer *kalkulatorischen Miete* pauschalieren.

Damit würden nicht mehr die effektiv und zum Teil sehr unregelmäßig anfallenden Größen zugrunde gelegt, sondern in den einzelnen Abteilungen würden gleichmäßige Beträge einer fiktiven Miete als Kosten verrechnet. Die Differenz gegenüber den effektiven Ausgaben würde dann in der Verwaltung als Plus- oder Minusbetrag anfallen. Damit hätte man das Risiko und vor allem die Unregelmäßigkeit dieser Kosten aus der Verantwortung und damit der Kostenrechnung der Bereiche herausgenommen und diese nur mit einem gleichmäßigen festen Satz belastet.

Außerdem wird in vielen Kostenrechnungen auch das unternehmerische Risiko als Kostenposition *kalkulatorisches Wagnis/Risiko* in die Kostenrechnung eingeführt.

Damit will man die unregelmäßig anfallenden Verluste aus den einzelnen Risiken abfangen und zu einem gleichmäßigen Betrag pauschalieren. Diese Überlegung ähnelt der Vorstellung einer Versicherung. Das effektive Risiko wird versichert mit einer gleichmäßigen Prämie. Der irgendwann eintretende Verlust wird dann von der Versicherung getragen. Im Falle des Unternehmens wird die Kostenrechnung mit einer fiktiven Prämie belastet, eventuell auch die einzelnen Bereiche. Nicht eintretende Risikofälle gehen dann in den Gewinn ein, eingetretene Risikofälle gehen zu Lasten des Gewinnes. Dies ist nicht zu verwechseln mit echten Versicherungen.

1.1.6.6 Zusammenfassung der übrigen Bereiche

Für die übrigen Bereiche der Bekleidungs-GmbH hat der Kostenrechner demnach folgende Kosten ermittelt:

Personalkosten	1.800.000,— DM
Geschäftsführergehalt	150.000,— DM
Provision	1.200.000,— DM
Materialkosten Modellabteilung	500.000,— DM
Büromaterial	200.000,— DM
Gas/Wasser	60.000,— DM
Strom	5.000,— DM
Benzin	90.000,— DM
Abschreibung auf Maschinen	20.000,— DM
Abschreibung auf Geschäftseinrichtung	60.000,— DM
Abschreibung auf Gebäude	22.000,— DM
Abschreibung auf Kfz	70.000,— DM
Reparatur an Anlagen	3.500,— DM
Reparatur an Geschäftseinrichtung	15.000,— DM
Reparatur an Kfz	40.000,— DM
Reparatur an Gebäuden	23.000,— DM
laufende Geschäftskosten	110.000,— DM
sonstige Verwaltungskosten	630.000,— DM
Postgebühren	250.000,— DM
Steuern	200.000,— DM
Werbung	520.000,— DM
Skontoabzüge	700.000,— DM
Zinsen für Fremdkapital	450.000,— DM
Gesamt	7.099.000,— DM

1.1.7 Kostenartengliederung nach anderen Kriterien

Die Kosten haben wir definiert als betriebsnotwendiger Güter- und Leistungsverzehr. Wir unterschieden bisher verschiedene Kostenarten entsprechend den verschiedenen Leistungsfaktoren, die verzehrt werden. Diese Kostenartengliederung wird daher die leistungsfaktorbezogene Gliederung genannt. Unser Produktionsleiter fragt sich, ob er die verschiedenen Kostenarten auch nach anderen Kriterien einteilen kann.

1.1.7.1 Verrechnungsbezogene Kostenarten

Der Produktionsleiter möchte nicht nur wissen, welche Leistungen in welchem Umfang verzehrt worden sind, sondern auch, von wem oder von welchem Produkt sie verzehrt worden sind. Er möchte nach dem Verursachungsprinzip den Leistungsverzehr den einzelnen Produkten zurechnen. Das fällt ihm noch ziemlich leicht bei den verbrauchten Rohmaterialien. Mit Hilfe der Materialverbrauchskontrolle – das sind Aufzeichnungen über den Verbrauch für die einzelnen Produkte – stellt er zusammen, wieviel Rohmaterial für jedes einzelne Produkt gebraucht wird. Schwieriger wird das schon beim Hilfsmaterial. Es ist sehr zeitraubend, Aufzeichnungen über den Verbrauch an Nähgarn für die einzelnen Produkte zu erstellen. Es stellt sich die Frage für ihn, ob es *zweckmäßig* ist, jeden Meter Nähgarn im einzelnen zu erfassen. Möglich ist es ihm bei entsprechenden Arbeiten. Gänzlich *unmöglich* wird es ihm aber, wenn er den Verbrauch an Betriebsstoffen nach dem Verursacherprinzip zuordnen will.

Ähnlich geht es ihm mit den Arbeitsentgelten. Den Arbeitslohn für den Produktionsvorgang kann er entsprechend der gebrauchten Zeit für das einzelne Produkt ermitteln. Wieviel seines eigenen Gehaltes oder welcher Anteil der Hilfslöhne auf das einzelne Produkt entfällt, kann er beim besten Willen nicht feststellen. Der Produktionsleiter muß also erkennen, daß er nur einen Teil der Kosten dem Produkt direkt zurechnen kann. Diese Kosten werden auch *direkt zurechenbare*

oder *direkte Kosten* genannt. Da sie dem einzelnen Produkt zurechenbar sind, heißen sie auch *Einzelkosten*. Diesen Einzelkosten stehen die Kosten gegenüber, die im Bereich unseres Produktionsleiters ebenfalls anfallen, die aber nicht direkt zurechenbar sind. Sie heißen *indirekte Kosten* oder *Gemeinkosten*.
Bei Rückfragen in den anderen Bereichen erfährt der Produktionsleiter, daß in der Verwaltung kaum Kosten auftreten, die als Einzelkosten definiert werden können. Im Vertrieb gibt es allerdings durchaus *Sondereinzelkosten* – zum Beispiel die Provision –, die dem Produkt zugerechnet werden können. Auch in der Modellerstellung ist dies teilweise möglich.

Ernüchtert stellt der Produktionsleiter fest, daß es für einen großen Teil der im Betrieb anfallenden Kosten nicht möglich ist, sie einem einzelnen Produkt direkt zuzurechnen. Er fragt sich daher, wie ein Produkt kalkuliert werden kann, wenn man nicht in der Lage ist, seine wirklichen Kosten festzustellen. Mit dieser Frage wird der Produktionsleiter sich noch ausführlich zu einem späteren Zeitpunkt befassen müssen. Die aufgeworfene Frage führt ihn zunächst zu einem anderen Problem.

1.1.7.2 Beschäftigungsbezogene Kostenarten

Bei dem Bestreben, die Kosten dem Produkt direkt zuzurechnen, fällt dem Produktionsleiter ein anderer Unterschied bei den Kosten auf. Beim Rohmaterial verändert sich die gebrauchte Gesamtmenge entsprechend der produzierten Stückzahl. Es besteht also ein direkter Zusammenhang zwischen der produzierten Stückzahl und der verbrauchten Gesamtmenge. Beim Material kann er sogar feststellen, daß ein proportionaler Zusammenhang besteht. Der Gesamtverbrauch erhöht sich im gleichen Verhältnis wie die produzierte Menge. Den gleichen Zusammenhang stellt er beim Fertigungslohn fest.

Anders dagegen ist es bei den Kosten des Betriebsmittels. Der Werteverlust des Betriebsmittels ist nicht oder kaum von der produzierten

Stückzahl abhängig, sondern wesentlich stärker vom Alter, das heißt von der Zeit. Auch wenn eine Maschine nicht genutzt wird, wird sie im Laufe eines Jahres an Wert verlieren. Auch die Gehälter der Führungskräfte sind von der produzierten Menge unabhängig, genau wie die Raumkosten und viele andere Kosten. In Relation zur produzierten Menge oder, anders ausgedrückt, im Verhältnis zur Beschäftigung bleibt ein Teil der Kosten unverändert. Es sind *fixe* oder *beschäftigungsunabhängige* Kosten. Ein anderer Teil – wie zum Beispiel die Materialkosten – steht in Abhängigkeit von der produzierten Menge, das heißt, diese Kosten sind *beschäftigungsabhängig*, sie verändern sich, sind *variabel*. Wir sprechen daher von fixen und variablen Kosten. Dabei können sich die variablen Kosten in einem unterschiedlichen Verhältnis zur Beschäftigungsveränderung verhalten. Von *proportionalen* Kosten sprechen wir, wenn die Veränderung der Kosten im gleichen Verhältnis erfolgt wie die Veränderung der Beschäftigung, das heißt der Gesamtmenge. Steigen die Kosten schneller als die Beschäftigung, sprechen wir von *progressiven* Kosten, steigen sie nicht so schnell, sprechen wir von *degressiven* Kosten. Da in der Praxis echte progressive oder degressive Kosten nur selten zu finden sind, wird bei den variablen Kosten ein proportionales Verhalten vorausgesetzt, wenn nicht ausdrücklich etwas anderes gesagt wird. Daher werden in der Literatur und in der Praxis die Begriffe der variablen und proportionalen Kosten häufig gleichgesetzt.

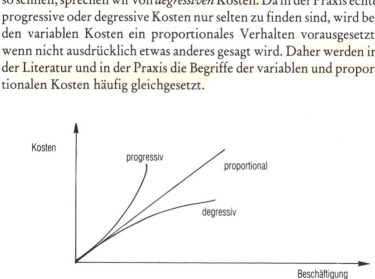

Abbildung 2: Progressive, degressive und proportionale Kosten

Von den fixen Kosten haben wir gesagt, daß sie unverändert bleiben. Das heißt aber nicht, daß eine solche Kostenart grundsätzlich nicht zu ändern ist. Bei einem bestehenden Maschinenpark bleiben die fixen Kosten der Betriebsmittel solange fix, wie es keine Veränderung bei der Zusammensetzung des Maschinenparks gibt. Wenn die ausgestoßene Menge so steigt, daß neue Maschinen zusätzlich angeschafft werden müssen, um die gewünschte Menge produzieren zu können, springen die fixen Kosten des Maschinenparks schlagartig auf ein höheres Niveau. Wir sprechen daher auch von *sprungfixen Kosten*. Damit wird gesagt, daß sich innerhalb einer bestimmten Kostengrenze die Kosten fix verhalten, beim Überschreiten dieser Grenze dann aber auf einem anderen Niveau wieder fix bleiben.

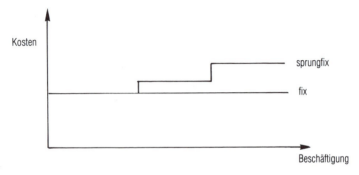

Abbildung 3: Fixe und sprungfixe Kosten

Auch die Gehälter sind nicht unumstößlich fix. Wenn bei einer steigenden Beschäftigung zusätzliche Gruppenleiter erforderlich werden, steigt auch die Summe der Gehälter; sie bleibt dann aber wieder fix. Eine Anpassung der fixen Kosten an die jeweilige Beschäftigungslage ist, zumindest kurzfristig, nicht möglich. Der Produktionsleiter stellt dies schmerzlich fest, wenn die Auslastung der Produktion zurückgeht und seine fixen Kosten unverändert hoch bleiben. Dies betrifft seinen gesamten Bereich, aber auch einzelne Betriebsmittel. So muß sich der Produktionsleiter ernsthaft überlegen, ob er sich eine Spezialmaschine anschafft, die bei Vollauslastung zwar eine erhebliche Kosteneinsparung bedeuten würde, die aber zu einer Belastung wird, wenn sie nur teilweise ausgelastet ist. Die Kosten, die während der Zeit anfallen, in denen die Maschine nicht genutzt wird, nennt man *Leerkosten*. Demgegenüber heißen die Kosten bei aktiver Betriebstätigkeit, das heißt, wenn die Maschine genutzt wird, Nutzkosten. Die gesamten fixen Kosten einer Maschine teilen sich also in *Nutzkosten* und *Leerkosten* auf. Bei steigender Beschäftigung nimmt der Anteil der Nutzkosten im gleichen Umfang zu, wie der Anteil der Leerkosten abnimmt.

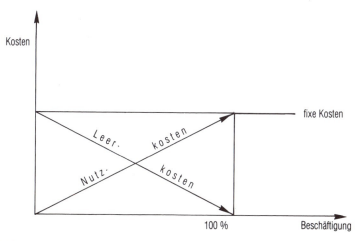

Abbildung 4: Leerkosten und Nutzkosten

Die Reduzierung der Leerkosten zählt also zu den Aufgaben des Produktionsleiters, wenn er wirtschaftlich arbeiten will. Welche maschinelle Ausstattung, welche vorgehaltene Kapazität die wirtschaftlichste ist, das sind die Fragen, mit denen sich der Produktionsleiter in seinem Bereich auseinandersetzen muß. Es genügt nicht, daß er sich nur Gedanken über die Höhe der einzelnen Kosten macht und diese nach den einzelnen leistungsfaktorbezogenen Arten aufteilt und kontrolliert. Es ist auch seine Aufgabe, sich darüber Gedanken zu machen, wie er an den einzelnen Arbeitsplätzen eventuell mit unterschiedlicher Ausstattung bei unterschiedlicher Auslastung am wirtschaftlichsten produzieren kann. Er muß also die Kosten auch auf die einzelnen Kostenstellen beziehen.

1.2 Die Kostenstellenrechnung

Der Produktionsleiter will seine Kosten besser analysieren und beurteilen können; er will wissen, wie er am wirtschaftlichsten arbeiten kann. Er hat festgestellt, daß dazu eine Auflistung der verschiedenen Kosten und deren Kontrolle nicht genügen. Es sind daher kleine Einheiten zu bilden, innerhalb derer Herr P. besser kontrollieren und verschiedene Möglichkeiten der Verfahrensweise überlegen kann. Zwei Überlegungen stellen sich für ihn:

- Wie kann er die Entwicklung der Kosten in einzelnen Teilbereichen seiner Abteilung – *Kostenstellen* genannt – besser beobachten?
- Wie kann er aus den so ermittelten Zahlen Überlegungen ableiten, ob das gleiche Ergebnis eventuell mit niedrigeren Kosten erreicht werden kann?

Er muß die Kosten auf die einzelnen Stellen beziehen, in denen sie angefallen sind. Dazu baut er sich eine *Kostenstellenrechnung* auf.

Je nach Notwendigkeit und Möglichkeit wird er seinen Bereich in mehrere Kostenstellen aufteilen. Der Produktionsleiter stellt bei seinen Überlegungen fest, daß er nur einen Teil der Kosten seines Bereiches auf einzelne Stellen beziehen kann. Wie bei den Produkten, so kann er auch hinsichtlich der Kostenstellen nicht alle Kosten direkt den einzelnen Stellen zurechnen. Die Zurechnung der Kosten auf einzelne Kostenstellen hat nur dann einen Sinn, wenn die dort entstehenden Kosten auch von anderen Stellen abgegrenzt werden können. Des weiteren müssen sie an dieser Stelle auch beeinflußt und verantwortet werden können. Darüber hinaus müssen die für die jeweilige Stelle anfallenden Kosten auch ohne unverhältnismäßig große Kosten erfaßt werden können, da sonst das Erfassen mehr kostet, als bei genauer Kontrolle eventuell einzusparen ist.

1.2.1 Die Gruppen als Kostenstelle

Der Produktionsleiter entscheidet sich im ersten Schritt dafür, seine zwei Produktionsgruppen A und B und seine Arbeitsvorbereitung AV getrennt zu erfassen.

Die Trennung fällt ihm bei den Kosten für die Facharbeiter leicht. Die Zuordnung der Personen liegt fest; entsprechend kann die Lohnbuchhaltung die Zahlen getrennt ermitteln und festhalten. Das trifft auch für die Hilfsarbeiter und die Gehälter zu; nur sein eigenes Gehalt ist nicht direkt zurechenbar. Es ist ihm nicht möglich, festzuhalten, wie lange er jeweils für den einzelnen Bereich tätig war, abgesehen davon, daß es viele Arbeiten gibt, die alle Bereiche betreffen.

Gas und Wasser für Heizung und Bügeln fällt zwar in den einzelnen Bereichen unterschiedlich an, es ist dem Produktionsleiter aber nicht möglich, den definitiven Verbrauch, bezogen auf die einzelnen Stellen, feststellen zu lassen. Aus diesem Grund nimmt er diese Größe zunächst nicht in die Aufstellung für die einzelnen Stellen hinein. Anders ist es mit dem Strom. Seine Maschinen haben Verbrauchsangaben pro Stunde Laufzeit. Außerdem läßt er Zwischenzähler anbringen; so kann er den Stromverbrauch getrennt ermitteln.

Beim Büromaterial läßt er jeweils Belege bei der Beschaffung ausschreiben. Die Buchhaltung erfaßt dann bereits beim Rechnungseingang die Beträge getrennt und listet diese getrennt für die Kostenrechnung der einzelnen Kostenstellen auf.

Die Abschreibungen für Maschinen und Geschäftseinrichtung werden entsprechend dem Standort erfaßt. Das ist ebenfalls bei den Reparaturen möglich. Schwieriger wird es bei den laufenden Geschäftskosten und den sonstigen Verwaltungskosten. Wir wollen einmal annehmen, in der Abteilung Rechnungswesen werden diese Kosten so erfaßt, daß es dem Kostenrechner möglich ist, dem Produktionsleiter diese Kosten getrennt nach den drei Kostenstellen aufzulisten. Nicht zuordnen kann der Produktionsleiter aber den Teil der Kosten, den er selbst bei seiner Tätigkeit verbraucht. Das sind, neben dem schon erwähnten Gehalt, das Büromaterial, die Abschreibungen auf Geschäftseinrichtungen sowie sonstige Verwaltungskosten. Außerdem rechnet der Produktionsleiter den Kostenstellen nicht die Gebäudekosten zu, obwohl er theoretisch entsprechend der Quadratmeterzahl eine solche Zurechnung vornehmen könnte. Es ist aber fraglich, ob eine solche Zurechnung sinnvoll ist, da diese Kosten vom Kostenstelleninhaber nicht verantwortet werden können.

Damit kommen wir zu einem besonderen Problem der Kostenstellenrechnung. In der Praxis ist es umstritten, ob Kosten, die an der Kostenstelle nicht beeinflußt werden können, der einzelnen Kostenstelle zugerechnet werden sollen. Sofern man die Kostenstelle nur zur Kostenkontrolle nutzt, kann man auf eine solche Zurechnung verzichten.

Wenn man aber die Kostenstellenrechnung weiterentwickelt zur Zurechnung der Kosten einer Stelle auf einen *Kostenträger*, das heißt auf das an dieser Stelle produzierte Teil, müssen alle Kosten erfaßt werden (siehe Kostenträgerrechnung). Diese Überlegung trifft auch auf die Kosten zu, die zwar an einer Kostenstelle anfallen und beeinflußt werden können, die man aber nicht direkt zurechnen kann, wie in unserem Fall beim Verbrauch von Gas und Wasser. Wir wissen, daß beides für die Fertigung verbraucht wird und daß der Verbrauch beeinflußt und damit verantwortet werden kann. Wir haben aber keine technische Möglichkeit, für bestimmte Zeiträume die genau angefallenen Kosten für diese Stellen zu erfassen. Wenn diese Stelle bei der Produktion eines Teils aber in Anspruch genommen wird, müssen die dabei anfallenden Kosten ebenfalls dem Produkt zugerechnet werden. Sie dürfen bei den Kosten der entsprechenden Kostenstelle daher nicht fehlen. Aus diesem Grund ermittelt man in größeren Abständen Bezugsgrößen – wie zum Beispiel die Quadratmeter des Raumes bei den

Heizkosten –, um die anfallenden Gesamtkosten nach einem festgelegten Schlüssel auf die einzelnen Stellen verteilen zu können.

Der Produktionsleiter sieht zwar ein, daß für eine Zurechnung zu einem Kostenträger (Produkt) diese Kosten in der Kostenstellenrechnung enthalten sein müssen, wehrt sich aber mit Recht dagegen, für pauschalierte Kosten verantwortlich gemacht zu werden. Wer kann denn sagen, ob nicht zum Beispiel an einer Stelle mit der Heizung gespart wurde und an anderer Stelle immer das Fenster offen stand? Für die Kostenkontrolle und Verantwortungszuordnung ist eine solche Pauschalierung also sinnlos. Der Produktionsleiter sieht zunächst für seinen Bereich keine Notwendigkeit, die Kosten, die er nicht direkt zuordnen kann, pauschaliert zuzurechnen. Daher unterteilt er die angefallenen Kosten in die Kosten, die er auf die genannten Kostenstellen aufteilen kann, und die übrigen nicht zugeordneten Kosten. Daraus ergibt sich die in Tabelle 2 dargestellte Kostenstellenrechnung.

Tabelle 2: Kostenstellenrechnung

Kostenart	Kostenstelle A	Kostenstelle B	Kostenstelle AV	Allgemeines
Fertigungslöhne	2.800.000,–	1.200.000,–		
Fertigungshilfslöhne	120.000,–	80.000,–		
Fertigungsgehälter	65.000,–	35.000,–	150.000,–	100.000,–
Strom	50.000,–	20.000,–	10.000,–	
Büromaterial	7.000,–	3.000,–	25.000,–	5.000,–
Abschreibung Maschinen	230.000,–	70.000,–		
Abschreibung Geschäftseinrichtung	2.500,–	1.000,–	15.000,–	1.500,–
Reparatur Anlagen	8.500,–	3.000,–		
laufende Geschäftskosten	1.000,–	1.000,–	8.000,–	
sonstige Verwaltungskosten	7.000,–	3.000,–	30.000,–	10.000,–
Abschreibung Gebäude				18.000,–
Reparaturen Gebäude				3.500,–
Malerarbeiten				8.000,–
Gas/Wasser				40.000,–
Gesamt	3.291.000,–	1.416.000,–	238.000,–	186.000,–

Innerhalb der Kostenstelle A kann unser Produktionsleiter noch unterteilen in Spezialmaschinen, die nur für Anzüge oder nur für Hosen gebraucht werden; in der Kostenstelle B Spezialmaschinen, die auf Freizeitjacken oder auf Freizeithosen spezialisiert sind. Daraus ergibt sich eine weitere Differenzierung in den betreffenden Kostenstellen mit den in Tabelle 3 aufgeführten Kosten.

Tabelle 3: Differenzierte Kostenstellenrechnung

Kostenart	Kostenstelle A	Kostenstelle B	Kostenstelle AV	Allgemeines
Spezialmaschinen fixe Kosten				
Anzüge	5.000,–			
Hosen	45.000,–			
Freizeitjacken		15.000,–		
Freizeithosen		5.000,–		
Reparaturen				
Anzüge	500,–			
Hosen	9.500,–			
Freizeitjacken		4.000,–		
Freizeithosen		2.000,–		
Energie				
Anzüge	500,–			
Hosen	1.500,–			
Freizeitjacken		500,–		
Freizeithosen		500,–		
verbleiben für Programmgruppe ohne Fertigungslöhne	429.000,–	189.000,–	238.000,–	186.000,–
zentrale Fertigungskosten			424.000,–	

1.2.2 Der Arbeitsplatz als Kostenstelle

Es wurde schon darauf hingewiesen, daß die Aufteilung in Kostenstellen auch dazu dienen soll, festzustellen, ob das gleiche Ergebnis mit niedrigeren Kosten erreicht werden kann. Darüber hinaus müssen die an einer Kostenstelle entstandenen Kosten auf die Produkte verrechnet werden, für die sie anfallen. Die Kosten einer Maschine einschließlich der Bedienungskosten können nur auf die Produkte verrechnet werden, für die diese Maschine eingesetzt wird. Das trifft insbesondere für Spezialmaschinen zu, die nur für einen Teil der Produkte benötigt werden.

Aus den oben genannten Gründen sieht es der Produktionsleiter daher auch als notwendig an, einzelne Arbeitsplätze als spezielle Kostenstellen aufzuschlüsseln. So erfaßt er für eine Gruppe Spezialmaschinen getrennt die Abschreibungen der Maschinen, die laufenden Betriebskosten wie Strom, Schmiermittel, Reparaturkosten sowie die Kosten des Bedienungspersonals; es könnten auch weitere Kosten wie Raumkosten, Versicherung und Wartung anfallen. Die Gesamtheit der Kosten wird dann je nach Nutzung auf die verschiedenen Produkte verteilt (siehe Kapitel 1.3.2.2).

Der Produktionsleiter möchte aber auch prüfen, ob er das Produktionsergebnis dieser Kostenstellen nicht durch andere Verfahren oder maschinelle Ausstattung kostengünstiger erreichen kann. Er macht für eine Gruppe von drei Spezialmaschinen folgende Rechnung auf:

Kosten der Kostenstelle in einem vorgegebenen Zeitraum (zum Beispiel 1 Jahr):

Lohnkosten bei Vollauslastung	130.000,— DM
Abschreibungen für die Maschinen	5.000,— DM
Zinsen für gebundenes Kapital	1.000,— DM
laufende Betriebskosten bei Vollauslastung	4.000,— DM
Gesamt	140.000,— DM

Obwohl ein Teil des Werteverlustes der Maschinen durch Verschleiß bedingt sein mag, nimmt der Produktionsleiter an, daß die Abschreibungen als fixe Kosten anzusehen sind. Die Betriebskosten sind insgesamt variable, und es wird ein proportionales Verhalten vorausgesetzt. Bei Vollauslastung werden im vorgegebenen Zeitraum 200.000 Arbeitsvorgänge durchgeführt.

Der Produktionsleiter bekommt ein Angebot, diese gesamte Gruppe durch einen Automaten zu ersetzen. Dabei ergeben sich folgende Kosten:

Lohnkosten	50.000,— DM
Abschreibungen	50.000,— DM
Zinsen	10.000,— DM
laufende Betriebskosten	6.000,— DM
Gesamt	116.000,— DM

Bei Vollauslastung werden 220.000 Arbeitsgänge durchgeführt. Für den Produktionsleiter stellt sich die Frage, ob er von diesem Angebot Gebrauch machen soll. Er weiß, daß die Auslastung unterschiedlich sein kann. Er fragt sich, ab welcher Auslastung der Automat wirtschaftlicher ist. Aufgrund seiner Kostenstellenrechnung für diesen Arbeitsplatz macht er folgende Rechnung:

fixe Kosten der Maschinengruppe (K_f)	6.000,— DM
variable Kosten der Maschinengruppe (K_v)	134.000,— DM
variable Kosten pro Arbeitsgang (k_v)	0,67 DM

Die Gesamtkosten bei einer Produktion der Menge m errechnen sich dann nach der Formel:

Gesamtkosten = fixe Kosten + jeweils anfallende variable Kosten

$$GK = K_f + k_v \cdot m$$

Bei 100.000 Arbeitsvorgängen ergibt dies:

$$GK = 6.000,- + 0{,}67 \cdot 100.000$$
$$= 73.000,- DM$$

Für den Automaten lauten die Werte bei Vollauslastung:

$$K_f = 60.000,- \text{ DM}$$
$$K_v = 56.000,- \text{ DM}$$
$$k_v = 0{,}255 \text{ DM}$$

Bei 100.000 Arbeitsvorgängen betragen die Gesamtkosten:

$$GK = 60.000,- + 25.500,-$$
$$= 85.500,- DM$$

Der Produktionsleiter fragt sich nun, wie er errechnen kann, ab welcher Stückzahl der Automat wirtschaftlicher arbeitet. Der Übergang von der Gruppe zum Automaten ergibt sich bei der Stückzahl, bei der die Gesamtkosten bei einer Anzahl x in beiden Fällen gleich sind:

$$6.000 + 0{,}67 \cdot x = 60.000 + 0{,}255 \cdot x$$
$$0{,}67 \cdot x - 0{,}255 \cdot x = 60.000 - 6.000$$
$$0{,}415 \cdot x = 54.000$$
$$x = 130.120$$

Damit kommt der Produktionsleiter zu dem Ergebnis, daß bis zu einer Anzahl von 130.120 Arbeitsvorgängen die Gruppe wirtschaftlicher arbeitet, daß darüber hinaus aber der Automat günstiger ist.

Außer dieser einfachen Art einer *Investitionsrechnung* kennt man noch eine Reihe anderer Rechenverfahren, die hier aber nicht besprochen werden sollen.

In dieser Art wird der Produktionsleiter die jeweiligen Arbeitsplätze analysieren, bei denen eine solche Rechnung sinnvoll erscheint. Da er weiß, daß jede derartige Differenzierung entweder bei ihm oder beim Kostenrechner Arbeit verursacht, wird er aber nur insoweit die einzelnen Kostenstellen unterscheiden, wie sich für ihn eine sinnvolle Aussage ergibt.

Der Produktionsleiter fragt sich als interessierter Mitarbeiter seines Unternehmens auch, inwieweit in anderen Bereichen des Unternehmens Kostenstellen unterschieden werden.

1.2.3 Die Kostenstellenrechnung des Unternehmens

Ähnliche Überlegungen wie der Produktionsleiter für seinen Bereich stellt jeder andere Bereichsleiter im Unternehmen an. Für die Unternehmensleitung ist es aber wichtig, nicht nur Teilergebnisse aus den Bereichen des Unternehmens zu kennen, sondern die gesamte Situation des Unternehmens in gleicher Weise aufgeschlüsselt zu bekommen.

Was für die Bereichsleiter ihr Bereich ist, ist für die Unternehmensleitung das Unternehmen. Es ist daher folgerichtig, daß auch für das Unternehmen insgesamt eine derartige Kostenstellenrechnung aufgebaut wird. In dieser erscheinen dann zunächst die Bereiche als Kostenstellen, doch kann der Kostenrechner auch in diesem Fall die in den Bereichen bereits getroffenen Untergliederungen in die Gesamtdarstellung übernehmen. Der Kostenrechner orientiert sich dabei an den Tätigkeitsbereichen, man kann auch sagen, an den Funktionen im Unternehmen. Auf diese Weise werden zunächst folgende Kostenstellen unterschieden:

– Materialwirtschaft
– Fertigung
– Vertrieb
– Verwaltung
– Modellabteilung
– Allgemeine Kostenstelle

Diese Gliederung entspricht der organisatorischen Gliederung im Unternehmen. Damit ist eine Übereinstimmung von Kostenstelle und Verantwortungsbereich sichergestellt. Sollte der Organisationsaufbau in einem Unternehmen, und damit die Bildung von Verantwortungsbereichen, allerdings nach anderen Kriterien erfolgt sein, so sollte die Gliederung der Kostenstellen ebenfalls nach organisatorischen Kriterien erfolgen. Einer der wichtigsten Grundsätze der Kostenstellenbildung lautet:

> „Jede Kostenstelle muß ein selbständiger Verantwortungsbereich sein, um eine wirksame Kostenkontrolle zu gewährleisten. Dabei soll sie möglichst auch eine räumliche Einheit sein, um Kompetenzüberschneidungen zu vermeiden."

Der Produktionsleiter hat bereits bei der Bildung seiner Kostenstellen und der Zuordnung der Kostenarten festgestellt, daß es häufig schwierig ist, bestimmte Kosten einer Kostenstelle verursachungsgerecht zuzuordnen. Es ist zwar bekannt, daß die jeweilige Kostenart an einer Kostenstelle auftritt; schwer festzustellen ist aber der Umfang, da die gleiche Kostenart an allen anderen Kostenstellen auch auftritt und die Abgrenzung schwierig, wenn nicht sogar unmöglich ist. Zu dieser Erkenntnis kommt auch der Kostenrechner bei der Bildung der Kostenstellen für das Unternehmen. Die Forderung, daß der Kostenstellenleiter für die Kosten einer Kostenstelle verantwortlich ist, setzt auch eine verursachungsgerechte Ermittlung der Kosten voraus. Der zweite Grundsatz, den der Kostenrechner bei der Einteilung des Unternehmens in Kostenstellen beachten muß, lautet daher:

> „Für jede Kostenstelle müssen sich möglichst genaue Maßgrößen der Kostenverursachung finden lassen, da andernfalls die Gefahr einer fehlerhaften Kostenkontrolle besteht."

Wird aber eine Kostenkontrolle von den Beteiligten als fehlerhaft empfunden, wird sie kaum die notwendige Anerkennung finden und an Wirkung verlieren. Aus dem gleichen Grund ist es erforderlich, daß die Belege, auf denen die Kosten erstmalig erfaßt werden (Rechnungen, Quittungen, Aufzeichnungen), so abgefaßt sind, daß eine Zuordnung zu den Kostenstellen nachvollziehbar ist. Das Wirtschaftlichkeitsprinzip veranlaßt aber den Kostenrechner – genau wie unseren Produktionsleiter – zu der Frage, ob eine solche Erfassung und Zergliederung der Belege unter Kostengesichtspunkten vertretbar ist. Eine Genauigkeit „um jeden Preis" wird unser Kostenrechner daher nicht anstreben. Er wird folgerichtig auch den dritten Grundsatz bei der Bildung seiner Kostenstellen beachten müssen:

> „Die Kostenstellen sind so zu bilden, daß sich die Kostenbelege genau und gleichzeitig ohne besondere Schwierigkeiten zuordnen (verbuchen, kontieren) lassen."

Dem Kostenrechner wird es aber auch unter Ausnutzung aller technischen Möglichkeiten nicht gelingen, unter Beachtung der genannten Grundsätze die Kostenstellen so zu bilden, daß alle Kostenarten verursachungsgerecht zugeordnet werden können. Dem Kostenrechner unseres Unternehmens bleibt nur die Wahl zwischen zwei Möglichkeiten der Kostenstellenbildung:

– Er hält die genannten Grundsätze prinzipiell ein. Damit wird er eine Reihe von Kostenarten haben, die zwar an einigen Kostenstellen entstehen, die der Höhe nach aber nicht getrennt erfaßt werden können und somit nicht verursachungsgerecht und verantwortungsgerecht zugeordnet werden können (zum Beispiel Heizungskosten, Beleuchtungskosten). Diese nicht direkt zurechenbaren Kostenarten kann er dann in der Kostenstellenrechnung nicht erfassen, sondern nur als allgemeine, nicht verteilbare Positionen getrennt von den Kostenstellen ausweisen.
– Er versucht die Kosten, die er nicht direkt zurechnen kann, nach einem vertretbaren Schlüssel auf die Kostenstellen zu verteilen (Heizkosten nach Quadratmeter). Dadurch kann er sämtliche im Unternehmen anfallenden Kosten auf die einzelnen Kostenstellen verrechnen.

Die Entscheidung zwischen diesen beiden Möglichkeiten wird von dem Ziel abhängen, das der Kostenrechner mit der Kostenstellenrechnung verfolgt. Sofern er das Ziel hat, die Verantwortungsträger über die in ihrem Bereich anfallenden Kosten zu Kontrollzwecken zu unterrichten und sie dafür verantwortlich zu machen (zum Beispiel durch Soll-Ist-Vergleiche), sollte er nur die Kosten in die Kostenstellenrechnung aufnehmen, die der Verantwortungsträger auch wirklich beeinflussen und damit verantworten kann. Andernfalls wird er sich dem Vorwurf einer fehlerhaften Kostenkontrolle aussetzen müssen (Beachtung von Grundsatz 2). Wenn der Kostenrechner über die Kostenkontrolle hinaus auch das Ziel verfolgt, die Kostenstellenrechnung zur Grundlage seiner Kostenträgerrechnung (Kalkulation) zu machen, wird er alle Kosten in den Kostenstellen erfassen müssen.

In diesem Fall hat er jedoch die Möglichkeit, eine Zweiteilung seiner Kostenstellenrechnung in *zu verantwortende und pauschalierte* (nicht direkt zu verantwortende) Kosten vorzunehmen. Das Problem der Erfassung und Verteilung aller Kosten führt unseren Kostenrechner zu einer weiteren Unterteilung der Kostenstellen. Es gibt eine Reihe von Kostenstellen, die wir allgemeine Kostenstellen nennen, ohne sie weiter zu definieren. Diese sind für die anderen Kostenstellen tätig. Die von diesen Kostenstellen erbrachten Leistungen müssen demnach den empfangenden Kostenstellen als Kosten zugerechnet werden. Als Beispiel nennt unser Kostenrechner die Kantine, den gesamten sanitären Bereich, die Heizungsanlage, den Fahrzeugpark und die Haus- und Hofanlage. In neueren Organisationen kann man auch weitere zentrale Dienstleistungsstellen wie EDV, zentrales Schreibbüro und zentrale Reparaturabteilung nennen. Diese Kostenstellen werden als *Hilfskostenstellen* bezeichnet, weil sie den übrigen Hauptkostenstellen ihre Hilfe anbieten. Es ist nun das Problem des Kostenrechners, Abrechnungswege zu finden, wie diese Leistungen und damit die Kosten der Hilfskostenstellen auf die Hauptkostenstellen verteilt werden sollen. Viele Unternehmen haben dazu eine Art interner Lieferanten-Kunden-Beziehung aufgebaut und verrechnen die Leistungen wie zwischen fremden Unternehmen mit internen *Verrechnungspreisen*. Es wurden von Fachleuten für die innerbetriebliche Leistungsverrechnung verschiedene Verfahren entwickelt. Diese führen verständlicherweise zu einem mehr oder weniger großen Verrechnungsaufwand. Es stellt sich für unseren Kostenrechner daher die Frage, ob eine solche Möglichkeit noch in Übereinstimmung mit dem dritten Grundsatz (Wirtschaftlichkeit) zu bringen ist. Sofern eine solche interne Leistungsverrechnung ohne Schwierigkeiten zu verwirklichen ist, ist dies sicher ein guter Weg einer verursachungsgerechten Zuordnung.

Der Kostenrechner wird sich aber in vielen Fällen dazu entschließen müssen, die Kosten der Hilfskostenstellen, wie bereits bei verschiedenen Kostenarten aufgezeigt, mit einem vertretbaren Schlüssel zu verteilen.

Eine Übersicht aller im Unternehmen bestehenden Kostenstellen nennen wir *Betriebsabrechnungsbogen (BAB)*. In einem solchen BAB kann der Kostenrechner zur besseren Übersicht auch eine Zusammenfassung mehrerer Kostenstellen vornehmen, so daß aus dem BAB nicht alle Kostenstellen ersichtlich sind. Insbesondere, wenn unser Produktionsleiter seinen Bereich bis auf einzelne Arbeitsplätze in Kostenstellen unterteilt, können nicht mehr alle Kostenstellen auf einer Übersicht zusammengefaßt werden.

In unserem beispielhaften Betriebsabrechnungsbogen (Tabelle 4a) hat der Kostenrechner die Hauptkostenstellen

- Modellabteilung
- Fertigung
- Materialabteilung
- Verwaltung/Vertrieb

gebildet. Hilfskostenstellen sind in diesem Betriebsabrechnungsbogen nicht darstellt, eine weitere Untergliederung wäre allerdings auch in diesem Betriebsabrechnungsbogen möglich. Dabei könnten die Hauptkostenstellen Fertigung sowie Verwaltung/Vertrieb in weitere Kostenstellen aufgeteilt werden. Außerdem könnten einige Hilfs-

Tabelle 4a: Betriebsabrechnungsbogen

Kostenarten	Gesamt	Modell-abteilung	Fertigung	Material	Verwaltung/Vertrieb
Personalkosten					
Fertigungshilfslöhne	200.000,–		200.000,–		
Fertigungsgehälter	350.000,–		350.000,–		
sonst. Gehälter	1.800.000,–	400.000,–		300.000,–	1.100.000,–
Geschäftsführer-Gehalt	150.000,–				150.000,–
Energie	185.000,–	7.000,–	120.000,–	18.000,–	40.000,–
Benzin	90.000,–				90.000,–
Abschreibung Gebäude	40.000,–	2.000,–	18.000,–	6.000,–	14.000,–
Abschreibung sonst.	470.000,–		320.000,–		150.000,–
Reparaturen allg.	65.000,–	2.000,–	23.000,–	8.000,–	32.000,–
Reparaturen Kfz	40.000,–				40.000,–
Verwaltungskosten	1.040.000,–	85.000,–	100.000,–	100.000,–	755.000,–
Postgebühren	250.000,–				250.000,–
Steuern/Gebühren	200.000,–				200.000,–
Werbung	520.000,–				520.000,–
Skontoaufwand	700.000,–				700.000,–
Zinsen	450.000,–				450.000,–
Gesamt	6.550.000,–	496.000,–	1.131.000,–	432.000,–	4.491.000,–
Materialverbrauch	7.900.000,–	500.000,–		7.400.000,–	
		996.000,–	996.000,–	7.832.000,–	
			2.127.000,–		Gemeinkosten
Fertigungslohn	4.000.000,–		4.000.000,–		Einzelkosten
Herstellkosten			6.127.000,– +	7.832.000,– =	13.959.000,–
Kalkulationssatz			53,2 %	5,8 %	32,2 %
Provision	1.200.000,–				6 % vom Umsatz
Gewinn	350.000,–				

Tabelle 4b: Betriebsabrechnungsbogen mit Hilfskostenstellen

Kostenart	Gesamt	Hilfskostenstellen			Modellabteilung	Fertigungsbereich				Material	Vertrieb	Verwaltung
		I	II	III		F	A	B	C			
		x	y	z								
Summe						Σ	Σ	Σ	Σ		Σ	Σ
Summe					496.000,—	1.131.000,—				432.000,—	4.491.000,—	
Gesamt	6.550.000,—											

(Fortsetzung wie bei BAB Tabelle 4 a)

kostenstellen ausgewiesen werden, deren Summen dann auf die Hauptkostenstellen verteilt werden müssen. Der Betriebsabrechnungsbogen hat dann das Aussehen von Tabelle 4b.

Aus dem Betriebsabrechnungsbogen unseres Unternehmens ersehen wir, daß der Kostenrechner gegenüber unserer bisherigen Betrachtungsweise eine Besonderheit eingebaut hat. Er hat die drei Kostenpositionen „Material", „Fertigungslohn" und „Provision" zum Schluß angeordnet. Diese drei Kostenarten sind die Kostenarten, die wir an anderer Stelle schon als Einzelkosten bezeichnet haben. Damit hat unser Kostenrechner im Betriebsabrechnungsbogen zunächst nur die Kostenarten erfaßt, die als Gemeinkosten bezeichnet werden.

Die Einzelkosten der entsprechenden Bereiche weist er dann getrennt von der Summe der Gemeinkosten aus und benutzt sie in einer Kontrollrechnung als Basis zur Ermittlung eines Prozentsatzes, der ihm angibt, wie das Verhältnis der Gemeinkosten zu den Einzelkosten in den jeweiligen Bereichen ist. Dieser Prozentsatz dient ihm zur Kontrolle. Er kann über mehrere Perioden hinweg feststellen, ob sich dieses Verhältnis nennenswert verändert, und kann in einem solchen Fall prüfen, welche Gründe dazu geführt haben. Der Kostenrechner und der Bereichsleiter bekommen damit eine Prozentzahl als Steuerungsinstrument, die sie bei Abweichungen vom erwarteten Wert veranlaßt, die Gründe der Abweichung zu analysieren und dabei eventuell eine fehlerhafte Entwicklung festzustellen.

Außerdem dient dem Kostenrechner diese Prozentzahl zur Zurechnung der Gemeinkosten zu dem Kostenträger, also der Kalkulation der Produkte als Kalkulationssatz (siehe Kostenträgerrechnung). So ergibt sich in dem vorliegenden Betriebsabrechnungsbogen für die Fertigungsgemeinkosten ein Kalkulationssatz von:

$$\frac{2.127.000}{4.000.000} = 53,2\,\%$$

Für die Materialgemeinkosten:

$$\frac{432.000 \cdot 100}{7.400.000} = 5{,}8\,\%$$

Für die Verwaltungs- und Vertriebskosten ohne Provision errechnen wir den Satz im Verhältnis zu den Herstellkosten, so daß sich ergibt:

$$\frac{4.491.000 \cdot 100}{6.127.000 + 7.832.000} = 32{,}2\,\%$$

Die Provision beträgt, entsprechend dem Arbeitsvertrag, 6 Prozent vom Umsatz und ergibt sich nicht aus dem Betriebsabrechnungsbogen.

Zusammenfassend bleibt festzuhalten:

Die Kostenstellenrechnung dient im wesentlichen zwei Zielen:

- der Wirtschaftlichkeitskontrolle in den einzelnen Bereichen und Stellen,
- der Vorbereitung der Kalkulation der Produkte.

Das erstgenannte Ziel verfolgt unser Kostenrechner dadurch, daß er die Istkosten einer Kostenstelle kontrolliert und sie Vergleichswerten gegenüberstellt. Dabei ergeben sich vor allem Probleme der Abgrenzung bei der Verursachung, der Zurechenbarkeit und der Verantwortlichkeit sowie der Beeinflußbarkeit und der Veränderlichkeit. Daher beschränkt sich unser Kostenrechner bei der Wirtschaftlichkeitskontrolle darauf, nur diejenigen Kosten in den Kostenstellen zu erfassen, die er verursachungsgerecht direkt zuordnen kann und die vom Kostenstellenleiter beeinflußt und daher auch verantwortet werden können. Dabei spielt es keine Rolle, ob sie beschäftigungsabhängig (variabel) oder beschäftigungsunabhängig (fix) sind. Diese Differenzierung macht er erst bei den modernen Verfahren der Kostenrechnung (siehe Kapitel 3).

Das zweite Ziel – Vorbereitung auf die Kostenträgerrechnung – verlangt von ihm, daß er alle Kosten erfassen und zurechnen muß. Darauf aufbauend, kann dann die Kostenträgerrechnung entwickelt werden.

1.3 Die Kostenträgerrechnung

1.3.1 Aufgaben der Kostenträgerrechnung

Interessiert hat unser Produktionsleiter festgestellt, welche Informationen aus der Kostenstellenrechnung abzuleiten sind. Mit Hilfe dieser Unterlagen fällt es ihm nicht mehr so schwer, für den einzelnen Kostenträger (Produkte) die entsprechenden Kosten zu ermitteln. Dabei ist ihm bewußt, daß für den einzelnen Kostenträger nicht nur in seinem Bereich, sondern auch in den übrigen Bereichen Kosten anfallen, die dem jeweiligen Kostenträger zuzurechnen sind. Er weiß, daß diese Selbstkostenermittlung eine Entscheidungsgrundlage für den Verkauf ist, der daraufhin kalkulieren kann, wie hoch der zu fordernde Preis gegenüber dem Kunden sein müßte. Es ist aber nicht selbstverständlich, so erläutert der Vertriebsleiter unserem Produktionsleiter –, daß die Selbstkosten eines Produktes auch als *Marktpreis* erzielt werden können. In einem marktwirtschaftlichen System ergibt sich der Preis grundsätzlich aus Angebot und Nachfrage. Das heißt, daß letztendlich ein Unternehmen nur den Preis erzielen kann, den ein Käufer bereit ist zu zahlen. Lediglich bei bestimmten öffentlichen Aufträgen, die nach einem festgelegten System der Selbstkostenrechnung abgerechnet werden, richtet sich der erzielte Preis an den Kosten aus. Abgesehen von dieser Ausnahme muß sich unser Betrieb also an den Preisen ausrichten, die am Markt erzielt werden können.

Da der Vertrieb unseres Unternehmens dem einzelnen Produkt die Erlöse aufgrund der erzielten Preise zurechnen kann, ist es den Führungskräften möglich, durch die Gegenüberstellung der erzielten Erlöse mit den Selbstkosten eines Produktes den Erfolg dieses Produktes zu ermitteln. Dabei werden die Führungskräfte feststellen, daß die einzelnen Produkte und Produktgruppen unterschiedlich erfolgreich sind. Diese Erfolgsermittlung der einzelnen Kostenträger bietet unseren Führunskräften wiederum die Möglichkeit, diejenigen Produkte für das Angebot auszuwählen, die besonders erfolgreich sind. Sie werden das Angebotsprogramm so zusammenstellen, daß die erfolgreichsten Produkte besonders stark berücksichtigt werden und die weniger erfolgreichen Produkte bei der Zusammenstellung des Programms vernachlässigt oder sogar gestrichen werden. Damit ist die Kostenträgerrechnung gleichzeitig eine Entscheidungshilfe bei der Programmgestaltung.

Unser Produktionsleiter wiederum bekommt durch den vom Markt vorgegebenen Preis den Hinweis darauf, wie hoch die Kosten im äußersten Fall sein dürfen. Es muß nun das Ziel unseres Herrn P. sein, die Kosten pro Kostenträger so niedrig wie möglich zu halten, damit die Differenz zwischen erzieltem Preis und den Selbstkosten möglichst groß ist. Mit Hilfe der Kostenträgerrechnung kann Herr P. auch verschiedene Möglichkeiten durchrechnen, um die günstigste Kostenkonstellation zu erreichen. So kann er unterschiedliche Materialien einsetzen, unterschiedliche Produktionsverfahren anwenden oder zwischen Eigen- oder Fremdfertigung je nach Kostenhöhe entscheiden. Ihm wird also durch die Kostenträgerrechnung für seine Produktionsgestaltung eine Entscheidungsgrundlage gegeben.

Von dem Leiter der Finanzbuchhaltung wird Herr P. am Jahresende gefragt werden, wie hoch die einzelnen Halbfertig- und Fertigerzeugnisse zu bewerten seien. Der Leiter der Finanzbuchhaltung wird nach den Herstellungskosten fragen, da er die genannten Bestände laut Gesetz mit den Herstellungskosten bewerten muß. Auch auf diese Frage kann Herr P. mit Hilfe der Kostenträgerrechnung die entsprechende Antwort geben. In der Regel wird er die Beantwortung dieser Frage allerdings dem Kostenrechner überlassen, da dieser aufgrund der bei ihm vorhandenen Unterlagen die Kostenträgerrechnung für die genannte Aufgabe leichter aufbauen kann.

Herr P. stellt also fest, daß die Kostenträgerrechnung mehreren Zwecken dient, nämlich

- der Selbstkostenermittlung für einzelne Kostenträger,
- als Entscheidungsgrundlage für die Preispolitik,
- der Erfolgsermittlung für die einzelnen Kostenträger,
- als Entscheidungshilfe bei der Programmgestaltung,
- als Entscheidungsgrundlage für die Produktionsgestaltung,
- als Grundlage für die Bestandsbewertung von Halb- und Fertigerzeugnissen.

1.3.2 Verfahren der Kostenträgerrechnung

1.3.2.1 Zuschlagskalkulation

Unser Produktionsleiter macht sich Gedanken darüber, in welcher Form er die einzelnen Kosten den Kostenträgern zurechnen kann. Ohne Probleme kann er die Arbeitszeit ermitteln, die an den einzelnen Arbeitsplätzen für einen Sakko oder eine Hose gebraucht werden. Darüber hinaus weiß er, was für die an dieser Kostenstelle arbeitenden Kräfte an Lohn und Lohnnebenkosten anfällt. Aus der verbrauchten Zeit und dem entsprechenden Stundenlohn einschließlich Lohnnebenkosten ermittelt er den für das einzelne Produkt an der jeweiligen Kostenstelle anfallenden Fertigungslohn:

Fertigungslohn = gebrauchte Zeit · Stundenlohn

Auch das für einen Kostenträger notwendige Material und die entsprechend zu verrechnenden Kosten kann er ermitteln. Der Verbrauch multipliziert mit dem entsprechenden Preis ergibt die Kosten für das Material. In ähnlicher Weise verfährt er mit den anfallenden Zutaten. Aufgrund dieser Überlegungen errechnen wir zum Beispiel folgende Zahlen für eine Hose:

Material: (1,50 m à 16,— DM/m)	24,— DM
Zutaten: (Knöpfe, Nähgarn, Futter usw.)	2,70 DM
Summe Material	26,70 DM
Fertigungslöhne: (32 Minuten · 0,45 DM/Min.)	14,40 DM
Gesamt	41,10 DM

Auch für einen Sakko seien die entsprechenden Werte genannt:

Material: (2,— m à 25,— DM/m)	50,— DM
Zutaten: (Knöpfe, Reißverschluß, Nähgarn, Futter)	10,— DM
Material insgesamt	60,— DM
Fertigungslöhne: (87 Minuten · 0,45 DM/Min.)	39,15 DM
Gesamt	99,15 DM

Nun steht Herr P. vor der Frage, in welchem Umfang die übrigen Kosten seines Bereichs auf das einzelne Produkt, in diesem Fall auf die Hose oder den Sakko, umgerechnet werden können. Er weiß, daß außer den Fertigungslöhnen im Fertigungsbereich noch insgesamt 1.131.000,— DM Gemeinkosten angefallen sind. Darüber hinaus sind in der Modellabteilung laut seiner Kostenstellenrechnung 500.000,— DM Material und 496.000,— DM sonstige Kosten, somit insgesamt 996.000,— DM angefallen. Ein Teil dieser Kosten ist entstanden, weil ursprünglich einmal das Hosenmodell und das Sakkomodell entwickelt wurden.

Es ist Herrn P. unmöglich zu sagen, in welchem Umfang die Hose oder das Sakko die einzelnen Kostenstellen wie Modellabteilung, Arbeitsvorbereitung oder die Gruppenleiter der Produktionsgruppen in Anspruch genommen hat. Wenn er die Kosten entsprechend der Verursachung (Verursachungsprinzip) zurechnen will, kann er in seinem Bereich nur die oben aufgeführten Kosten für Material und Lohn den Kostenträgern zurechnen. An anderer Stelle wurden diese Kosten bereits als Einzelkosten der Fertigung bezeichnet. Eine Kalkulation nach dem Verursachungsprinzip beinhaltet demnach nur die Einzelkosten eines Produkts. Wenn Herr P. jedoch die gesamten Kosten auf den Kostenträger verrechnen will, bleibt nur die Möglichkeit, die anfallenden Gemeinkosten nach einem festzulegenden Schlüssel auf die einzelnen Kostenträger zu verteilen. Dabei geht er von folgenden Überlegungen aus:

Grundlage aller Tätigkeiten ist die Produktion. Diese Produktion wird von den produzierenden Arbeitskräften durchgeführt. Die Kosten für die produzierenden Arbeitskräfte sind die Fertigungslöhne. Diese werden dem Kostenträger direkt zugerechnet. Alle übrigen Kosten seines Bereichs entstehen, damit die produzierenden Arbeitskräfte problemlos arbeiten können und ihre volle Leistung erbringen. Angefangen beim Produktionsleiter über die einzelnen Hilfsstellen bis hin zu den Gruppenleitern der entsprechenden Arbeitsplätze, sind alle unterstützend für die produzierenden Kräfte tätig. Es liegt daher nahe, die für den übrigen Bereich anfallenden Kosten ins Verhältnis zu den produzierenden Kräften zu setzen. Nun könnte man die Kosten auf die Anzahl der Kräfte und die von ihnen gebrauchte Zeit für den Kostenträger umrechnen. Zu einem gleichen Ergebnis kommt Herr P. aber, wenn er die anfallenden Gemeinkosten nicht auf die gebrauchte Zeit der produzierenden Kräfte umlegt, sondern diese ins Verhältnis zu den Fertigungslöhnen setzt. Das Verhältnis der anfallenden Fertigungsgemeinkosten zu den Fertigungseinzelkosten wird im Betriebsabrechnungsbogen ausgewiesen. Herr P. nimmt sich daher den Betriebsabrechnungsbogen zur Hand und sieht folgende Zahlen:

In der Modellabteilung fallen 996.000,— DM Gemeinkosten an, in der reinen Fertigung 1.130.000,— DM. Somit hat er in den beiden Bereichen Modellabteilung und Fertigung insgesamt Gemeinkosten in Höhe von 2.126.000,— DM. In der Fertigung beträgt der Lohn für die produzierenden Kräfte 4.000.000,— DM. Das Verhältnis der Gemeinkosten zu den Fertigungslöhnen beträgt 53,2 Prozent. Für Herrn P. heißt das, daß im Verhältnis zu seinen Fertigungslöhnen im Durchschnitt 53,2 Prozent Gemeinkosten anfallen. Bei der durchschnittlichen Verteilung seiner Gemeinkosten auf die einzelnen Kostenträger kann er also davon ausgehen, daß er zu seinem direkt ermittelten Fertigungslohn diese 53,2 Prozent als anteilige Gemeinkosten hinzurechnet. Daraus ergeben sich für die Hose:

anteilige Fertigungs-Gemeinkosten:
53,2 % von 14,40 DM = 7,66 DM

und für den zu kalkulierenden Sakko:

anteilige Fertigungs-Gemeinkosten:
53,2 % von 39,15 DM = 20,83 DM

In gleicher Weise geht der Leiter des Bereichs Materialwirtschaft für den Materialbereich vor. Als Grundlage nimmt der Kostenstellenleiter die verbrauchte Menge Material ausgedrückt in Geldwerten.

Grundlage dieser Überlegung ist, daß ein Zusammenhang zwischen der verbrauchten Menge und der Entstehung der übrigen Kosten vermutet wird. Aus dem Betriebsabrechnungsbogen ist ersichtlich, daß in der Abteilung Materialwirtschaft die Gemeinkosten 432.000,— DM betragen. Dieser Betrag ins Verhältnis gesetzt zu der verbrauchten Materialmenge in Höhe von 7.400.000,— DM, ergibt einen Gemeinkostensatz in Höhe von 5,8 Prozent des Materialeinsatzes. Überträgt man nun diese Überlegung auf die Kalkulation der Hose und des Sakkos, so ergeben sich für die Hose:

anteilige Material-Gemeinkosten:
5,8 % von 26,70 DM = 1,55 DM

für den Sakko:

anteilige Material-Gemeinkosten:
5,8 % von 60,— DM = 3,48 DM

Auf diese Weise wurden für den gesamten Produktionsbereich die vermutet anteiligen Kosten für die Hose und den Sakko wie folgt ermittelt:

Hose:	Material	26,70 DM
	+ Materialgemeinkosten	1,55 DM
	+ Fertigungslöhne	14,40 DM
	+ Fertigungsgemeinkosten	7,66 DM
	Herstellkosten	50,31 DM

Sakko:	Material	60,00 DM
	+ Materialgemeinkosten	3,48 DM
	+ Fertigungslöhne	39,15 DM
	+ Fertigungsgemeinkosten	20,83 DM
	Herstellkosten	123,46 DM

Nach dem Prinzip der Durchschnittswertermittlung wird auch bei der Zurechnung der Verwaltungs- und Vertriebskosten verfahren. Der Kostenrechner ersieht aus dem Betriebsabrechnungsbogen, daß die Summe der Kosten aus den Bereichen Fertigung, Modellabteilung und Materialabteilung insgesamt 13.959.000,— DM betragen. Die in dem Bereich Verwaltung/Vertrieb anfallenden Gemeinkosten betragen 4.491.000,— DM. Dieser Betrag ergibt umgerechnet auf die Basis der Herstellkosten einen Prozentsatz von 32,2 Prozent. Mit diesem Durchschnittssatz wird nun die Kostenträgerrechnung der Hose und des Sakkos weitergeführt. Es ergeben sich für unsere beiden Kostenträger folgende Beträge:

Hose:
Verwaltungs- und Vertriebskosten
32,2 % von 50,31 DM = 16,20 DM

Sakko:
Verwaltungs- und Vertriebskosten
32,2 % von 123,46 DM = 39,75 DM

Zur endgültigen Ermittlung der Selbstkosten unserer Kostenträger fehlen nun noch die Einzelkosten des Vertriebs „Provisionen" in Höhe von 6 Prozent des Kalkulationspreises. Darüber hinaus möchte der Verkauf zur Ermittlung eines Richtwertes für die Preisgestaltung noch den angestrebten Gewinn in Höhe von 2 Prozent berücksichtigt wissen. Sowohl Provision wie auch Gewinn werden als Prozentsatz vom Preis angegeben. Die Berechnung muß daher in der Form erfolgen, daß die ermittelten Herstellkosten plus Verwaltungs- und Vertriebsgemeinkosten als Zwischensumme (Z) 92 Prozent des Kalkulationspreises ergeben. Daraus wird die Provision mit 6 Prozent vom Kalkulationspreis errechnet:

$$\text{Provision} = \frac{Z}{92} \cdot 6$$

In gleicher Weise wird der Gewinn mit 2 Prozent vom Kalkulationspreis ermittelt:

$$\text{Gewinn} = \frac{Z}{92} \cdot 2$$

Zur Zwischensumme addiert, ergibt sich dann der Kalkulationspreis. Damit sehen die Kalkulationen für unsere beiden Kostenträger wie folgt aus:

Hose:	Material	26,70 DM
	Materialgemeinkosten 5,8 %	1,55 DM
	Fertigungslöhne	14,40 DM
	Fertigungsgemeinkosten 53,2 %	7,66 DM

Herstellkosten	50,31 DM
Verwaltungs- und Vertriebskosten 32,2 %	16,20 DM

Zwischensumme	66,51 DM
Provision 6 % vom Kalkulationspreis	4,34 DM

Selstkosten	70,85 DM
Gewinn 2 % vom Kalkulationspreis	1,44 DM

Kalkulationspreis	72,29 DM
Für den Marktpreis ergeben sich	65,00 DM

Sakko:	Material	60,— DM
	Materialgemeinkosten 5,8 %	3,48 DM
	Fertigungslöhne	39,15 DM
	Fertigungsgemeinkosten 53,2 %	20,83 DM

Herstellkosten	123,46 DM
Verwaltungs- und Vertriebskosten 32,2 %	39,75 DM

Zwischensumme	163,21 DM
Provision 6 % vom Kalkulationspreis	10,64 DM

Selbstkosten	173,85 DM
Gewinn 2 % vom Kalkulationspreis	3,55 DM

Kalkulationspreis	177,40 DM
für den Marktpreis ergeben sich	185,00 DM

Die nach dem Durchschnittsprinzip erfolgte Kalkulation beinhaltet demzufolge alle im Betrieb anfallenden Kosten *(Vollkostenkalkula-*

tion). Der Marktpreis entscheidet darüber, ob die Kosten voll gedeckt werden oder nicht. Die Aufgabe der Erfolgsermittlung für den einzelnen Kostenträger wird dadurch erfüllt, daß Marktpreis und Kalkulationspreis einander gegenübergestellt werden und so die Über- beziehungsweise Unterdeckung des einzelnen Kostenträgers ermittelt wird.

Für Herrn P. stellt sich beim Vergleich des Verursachungs- und Durchschnittsprinzips die Frage, ob er bei der Anwendung des Durchschnittsprinzips tatsächlich die wahren Werte für den einzelnen Kostenträger ermittelt. Er wirft mit Recht die Frage auf, ob diese Ermittlung nicht sowieso überflüssig ist, da der Marktpreis, der sich letztendlich ohne Einflußnahme des Betriebes ergibt, bestimmt, welcher Betrag zur Deckung der Gemeinkosten übrig bleibt. So beträgt bei der Hose die Differenz zwischen dem Marktpreis (65,— DM) und den direkt zurechenbaren Einzelkosten (45,44 DM) 19,56 DM, beim Sakko beträgt dieser Wert 75,21 DM. Daraus folgert Herr P., daß die Gemeinkosten dem einzelnen Träger nur nach der jeweiligen Belastbarkeit zugeteilt werden können. In der Literatur findet Herr P. dazu die Formulierung: „beim Kostentragfähigkeitsprinzip werden der Produkteinheit die Kosten nach ihrer Belastbarkeit zugeteilt. Die Belastbarkeit eines Kostenträgers ist um so größer, je höher die Differenz ist, die sich aus den Erlösen und den direkt zurechenbaren Kosten je Kostenträger ermitteln läßt" (Heinen). Dieses Tragfähigkeitsprinzip und das bereits eingangs erwähnte Verursachungsprinzip führen zu Überlegungen, die uns in der Literatur als moderne Kostenrechnungssysteme beschrieben werden (siehe Kapitel 3).

Bevor wir uns den modernen Kostenrechnungssystemen zuwenden, wollen wir in Ergänzung der oben geschriebenen Zuschlagskalkulation noch weitere traditionelle Kostenträgerrechnungen kennenlernen, die nach dem Durchschnittsprinzip sämtliche Kosten erfassen.

1.3.2.2 Maschinen-Stundensatz-Kalkulation

Unser Herr P. ist mit der vorliegenden Kalkulation hinsichtlich der sehr pauschalen Zurechnung seiner Fertigungsgemeinkosten unzufrieden. Er überlegt daher, wie er die Kalkulation weiter spezifizieren kann, indem er seine differenzierte Kostenstellenrechnung zu Hilfe nimmt. Da er zum Teil einzelne Arbeitsplätze als Kostenstelle ausgewiesen hat, ist es ihm möglich, die Arbeiten an diesen Arbeitsplätzen einzeln zu erfassen. So hat er eine Kostenstelle für seine Spezialmaschinen gebildet. Für diese Gruppe gleichartiger Maschinen ermittelt er sowohl die Lohnkosten wie auch die Abschreibungen, Zinsen und laufenden Betriebskosten. Diese maschinenabhängigen Gemeinkosten rechnet Herr P. auf die Laufzeit der Maschinen um. Dabei muß er berücksichtigen, daß die Maschinenlaufzeit sich aus der Arbeitszeit des Betriebes abzüglich der Stillstandszeiten und Instandhaltungszeiten ergibt:

Arbeitszeit des Betriebes
– Stillstandszeiten
– Instandhaltungszeiten
_____

Maschinenlaufzeit

Hierfür hat Herr P. Erfahrungswerte, so daß er die anfallenden maschinenabhängigen Gemeinkosten auf die jeweilige Stunde Maschinenlaufzeit umrechnen kann. Er ermittelt also aus der Gesamtsumme der Abschreibungen der Maschinen pro Jahr die Abschreibungen pro Stunde nach der Formel:

$$\text{Abschreibungen/Stunde} = \frac{\text{Jahresabschreibungen}}{\text{Maschinenlaufzeit/Jahr}}$$

In gleicher Weise ermittelt er die maschinenabhängigen Zinsen pro Stunde, indem er die durchschnittlich pro Jahr anfallenden Zinsen durch die Maschinenstunden dividiert:

$$\text{Zinsen/Stunde} = \frac{\text{durchschnittlicher Jahreszins}}{\text{Maschinenlaufzeit}}$$

Die laufenden Betriebskosten der Maschinen wie Energiekosten, Instandhaltungskosten, Werkzeugkosten, Raumkosten, darüber hinaus eventuell noch Versicherungsprämien, Schmier- und Kühlmittelkosten, Kosten für Maschinenreinigen kann Herr P. aus der Jahressumme ebenfalls pro Stunde Laufzeit errechnen.

Wenn unser Produktionsleiter somit alle Kosten pro Stunde Maschinenlaufzeit ermittelt hat, kann er die auf den einzelnen Kostenträger entfallenden Kosten dadurch bestimmen, daß er die Zeit, die der Kostenträger die entsprechenden Maschinengruppe in Anspruch nimmt, mit dem Stundensatz multipliziert. Für unsere Spezialmaschinen ergeben sich bei 1600 Stunden im Jahr folgende Beträge:

Abschreibungen/Stunde	1,25
Zinsen/Stunde	0,25
laufende Betriebskosten/Stunde	0,90
maschinenabhängige Gemeinkosten/Stunde	2,40

Wenn die Spezialmaschine für eine Hose 5 Minuten in Anspruch genommen wird, ergibt sich daraus

Fertigungslohn: 5 Minuten à 0,45 DM/Min.	2,25 DM
maschinenabhängige Gemeinkosten: 5 Min. à 0,04 DM/Min.	0,20 DM
Spezialmaschine insgesamt pro Hose	2,45 DM

In dieser Form können die verschiedenen Maschinen in die Kalkulation Eingang finden, so daß sich die Position Fertigungslöhne und Fertigungsgemeinkosten in mehrere einzelne Positionen differenzieren läßt und nur zum Schluß die nicht in dieser Form erfaßten Fertigungsgemeinkosten noch verrechnet werden müssen.

Bei der Anwendung der *Maschinenstundensatzrechnung* ist sich Herr P. bewußt, daß er von einer angenommenen Maschinenstundenlaufzeit ausgeht. Er weiß, daß er Kosten, die in Wirklichkeit unabhängig von der Maschinenlaufzeit als fixe Kosten auftreten, so behandelt, als wären sie von der Maschinenlaufzeit abhängig. Er erkennt, daß bei Anwendung dieser Maschinenstundensatzrechnung immer dann, wenn die Maschine im Laufe des Jahres weniger Stunden läuft, als in Ansatz gebracht wurde, der Maschinenstundensatz nicht die vollen Kosten der Maschine deckt. Für unseren Betrieb heißt das, wenn die Kostenträger mit dem oben ermittelten Maschinensatz kalkuliert werden, ergeben sich bei einer vorgesehenen Nutzungsdauer von 1600 Stunden die verrechneten Kosten in Höhe der tatsächlich anfallenden Kosten von 3.840,— DM. Wenn statt dessen diese Maschine durch eine Verlagerung beim Verkauf (mehr Sakkos als Hosen) nicht in vollem Umfang in Anspruch genommen wird, sondern zum Beispiel nur 1200 Stunden, ergibt sich, daß der Stundensatz nur für die in Anspruch genommenen Stunden erwirtschaftet wird. Über die Kostenträger kommt also nur eine Kostendeckung in Höhe von 2.880,— DM wieder herein, sofern der Marktpreis den vollen Kalkulationspreis deckt. Die verbleibenden Kosten in Höhe von 960,— DM dieser Maschine sind durch den Verkauf der Kostenträger nicht gedeckt. Fixkosten bleiben Fixkosten, auch wenn sie rechnerisch proportionalisiert werden. Es zeigt sich das bereits in Kapitel 1.1.7.2 beschriebene Problem der Nutzkosten und Leerkosten.

1.3.2.3 Divisionskalkulation

Die beschriebene Zuschlagskalkulation mit der Ergänzung durch die Maschinenstundensatzrechnung ist sicher ein Verfahren, das in der betreffenden Branche anwendbar ist und auch überwiegend angewendet wird. Unser Produktionsleiter erfährt aber in Gesprächen mit Freunden aus anderen Branchen, daß diese Methode nicht die einzige Möglichkeit ist, die anfallenden Kosten auf die Kostenträger umzulegen.

Die einfachste Methode wäre sicherlich, die anfallenden Kosten auf alle Kostenträger gleichmäßig zu verteilen. Es leuchtet allerdings ein, daß es unrealistisch ist, Hose und Sakko die gleiche Summe an Kosten zuzuordnen. Offensichtlich unterscheiden sie sich zumindest in den Einzelkosten erheblich. Auch bei den Gemeinkosten gibt es nachweisbar erhebliche Unterschiede zwischen Sakkos, Hosen und Anzügen.

Unser Produktionsleiter kennt aber Branchen, die nur ein Produkt herstellen, wie Elektrizitätswerke, Wasserwerke, Ziegeleien. In diesen Branchen ist die Verrechnung durchaus in der Form möglich, daß alle Kosten einer Periode durch die in dieser Periode erbrachte Mengenleistung dividiert werden:

$$\text{Stückkosten} = \frac{\text{Gesamtkosten}}{\text{Mengenleistung}}$$

Diese Art der Kalkulation – genannt *Divisionskalkulation* – muß nicht zwischen den verschiedenen Kostenarten differenzieren. Da nur ein Produkt hergestellt wird, betreffen sämtliche Kostenarten dieses eine Produkt. Daher genügt es, wenn die Gesamtkosten einer Periode durch die in dieser Periode erbrachte Mengeleistung dividiert werden.

Bei der Divisionskalkulation können wir zwischen verschiedenen Arten unterscheiden. Die *einstufige Divisionskalkulation* geht davon aus, daß es keine Lagerbestandsveränderungen an Halbfabrikaten oder Fertigfabrikaten gibt. Diese einstufige Divisionskalkulation wird noch untergliedert in die *summarische* und die *differenzierende Divisionskalkulation*. Diese beiden Verfahren unterscheiden sich lediglich dadurch, daß bei der summarischen Kalkulation, wie oben beschrieben, die Gesamtkosten der Periode durch die Leistungsmenge der Periode dividiert werden. Bei der differenzierenden Kalkulation dagegen werden verschiedene Kostenarten, wie Materialkosten, Personalkosten, Abschreibungen, sonstige Kosten, jeweils durch die produzierte Menge dividiert, so daß man die einzelnen Kostenarten pro

Stück differenziert erfaßt. In der Gesamtsumme ergeben die differenzierten Kostenarten pro Stück wiederum den gleichen Wert, die die summarische Kalkulation ergibt. Die differenzierende Kalkulation hat nur den Vorteil, daß die einzelnen Kostenarten pro Stück bekannt sind und besser kontrolliert werden können.

Bei der *zweistufigen Divisionskalkulation* werden Lagerbestandsveränderungen bei den Fertigerzeugnissen rechnerisch berücksichtigt. Dabei wird unterschieden zwischen Herstellkosten und Verwaltungs-/Vertriebskosten. Die Herstellkosten werden verteilt auf die produzierten Teile, die Verwaltungs-/Vertriebskosten werden auf die abgesetzten Teile verteilt. Daraus ergeben sich Fertigungsstückkosten und Verwaltungsstückkosten, die als Summe wiederum die Stückkosten des Erzeugnisses ergeben. Unser Produktionsleiter läßt sich dazu folgendes Beispiel vorrechnen:

Von einem Unternehmen werden 10.000 Einheiten produziert, von denen aber nur 9.000 Einheiten verkauft werden. Die Gesamtkosten des Unternehmens setzen sich aus 50.000,– DM Herstellkosten und 18.000,– DM Verwaltungs-/Vertriebskosten zusammen. Somit ergibt die Rechnung:

$$\text{Kosten/Stück} = \frac{50.000,-}{10.000,-} + \frac{18.000,-}{9.000,-} = 5,- + 2,-$$
$$= 7,- \text{ DM/Stück}$$

Bei der *mehrstufigen Divisionskalkulation* können verschiedene Fertigungsstufen und damit auch Halbfertigerzeugnisse berücksichtigt werden. Für jede Fertigungsstufe werden die Kosten dieser Stufe durch die Anzahl der in dieser Stufe hergestellten Halbfabrikate dividiert. Dazu werden die Materialkosten einschließlich Materialgemeinkosten für jedes Stück differenziert durch Division ermittelt. Der Bereich Verwaltung/Vertrieb wird wie bei der zweistufigen Rechnung getrennt erfaßt. Wir können uns dies anhand des folgenden Beispiels verdeutlichen:

In einem Unternehmen wird ein Produkt mit einem Materialkostenanteil von 20,– DM pro Produkt hergestellt. Es gibt drei Fertigungsstufen. In der ersten Fertigungsstufe werden bei Gesamtkosten in Höhe von 5.000,– DM 500 Stück hergestellt. In der zweiten Stufe werden bei Gesamtkosten von 6.000,– DM 400 Stück hergestellt. In der dritten Stufe werden bei Gesamtkosten in Höhe von 7.000,– DM 350 Stück hergestellt. Bei 3.000,– DM Verwaltungs-/Vertriebskosten werden 200 Stück verschickt. Damit ergeben sich insgesamt pro Stück:

Materialkosten	20,– DM/Stck.
Herstellkosten 1. Stufe	$\frac{5.000}{500}$ = 10,– DM/Stck.
Herstellkosten 2. Stufe	$\frac{6.000}{400}$ = 15,– DM/Stck.
Herstellkosten 3. Stufe	$\frac{7.000}{350}$ = 20,– DM/Stck.
Verwaltungs-/Vertriebskosten	$\frac{3.000}{200}$ = 15,– DM/Stck.
Summe	80,– DM/Stck.

Für die Halbfertigfabrikate errechnen sich die Herstellkosten je nach Produktionsfortschritt. Für die Lagerbestände kann dann die Bewertung entsprechend dem Produktionsfortschritt und der ermittelten Bestandsmenge durchgeführt werden.

1.3.2.4 Äquivalenzziffernkalkulation

Unser Produktionsleiter fragt seine Kollegen, wie es in Unternehmen aussieht, die zwar ein Grundprodukt, dieses aber in verschiedenen Sorten herstellen (zum Beispiel Brauereien, Papierindustrie, Zellstoffindustrie). Seine Kollegen aus diesen Branchen erläutern ihm, daß in diesen Unternehmen ähnlich wie bei den Unternehmen mit Einproduktproduktion vorgegangen wird; man nimmt aber an, daß die Kosten der artverwandten Produkte in einem bestimmten Verhältnis zueinander stehen, so daß man dieses Verhältnis durch eine Verhältniszahl *(Äquivalenzziffer)* ausdrücken kann. Dabei bekommt ein Produkt (zum Beispiel das Hauptprodukt oder ein Durchschnittsprodukt) die Wertzahl 1. Das Verhältnis der Kosten der übrigen Produkte zu diesem Hauptprodukt wird in Relation zu diesem Wert 1 angegeben. Das heißt, diese Produkte erhalten Wertzahlen, die über oder unter 1 liegen. Zur Vereinheitlichung der Mengengrößen werden die effektiven Mengen mit der Äquivalenzziffer multipliziert, so daß sich eine vergleichbare Recheneinheit ergibt. Man verteilt auf diese Recheneinheiten die Gesamtkosten durch Division. Mit Hilfe der Kosten pro Recheneinheit kann man über die Anzahl der pro Sorte anfallenden Recheneinheiten die Gesamtkosten der Sorte ermitteln. Die Gesamtkosten der Sorte dividiert durch die Menge der Sorte ergibt dann die Stückkosten der jeweiligen Sorte.

Wir lassen uns dies einmal von einem Produktionsleiter einer kleinen Brauerei verdeutlichen. Produziert werden in der Brauerei insgesamt:

Von der Sorte Pils	900.000 Hektoliter
von der Sorte Export	70.000 Hektoliter
von der Sorte Bockbier hell	20.000 Hektoliter
von der Sorte Bockbier dunkel	10.000 Hektoliter

Die Kosten der vier Sorten verhalten sich zueinander wie Pils = 1, Export = 1,1, Bockbier hell = 1,3, Bockbier dunkel = 1,7. Die Gesamtkosten des Unternehmens betragen 3.060.000,— DM.

Es wird dann die Aufstellung in Tabelle 5 gemacht. Es ist ersichtlich, daß sich pro Rechnungseinheit Kosten von 3,— DM ergeben. Daraus errechnen sich die Gesamtkosten pro Sorte, sowie durch Division die Stückkosten pro Hektoliter pro Sorte.

Gegenüber dieser einstufigen Äquivalenzziffernkalkulation läßt sich wie bei der Divisionskalkulation – auch eine mehrstufige Kalkulation durchführen. Zunächst können die Verwaltungs-/Vertriebsko-

Tabelle 5: Kosten pro Recheneinheit

Sorten-bezeichnung	Mengen Einheit	Äquivalenz-ziffer	Rechen-einheit = 2 x 3	Kosten gesamt	Kosten pro Rechen-einheit	Sorten-kosten = 4 x 6	DM/hl = 7 : 2
1	2	3	4	5	6	7	8
Pils	900.000	1	900.000			2.700.000	3,00
Export	70.000	1,1	77.000			231.000	3,30
Bockbier hell	20.000	1,3	26.000			78.000	3,30
Bockbier dunkel	10.000	1,7	17.000		3,00	51.000	5,10
			1.020.000	3.060.000		3.060.000	

sten gesondert erfaßt und durch die gesamte abgesetzte Menge unabhängig von den Sorten dividiert werden. Darüber hinaus können auch einzelne Produktionsstufen jeweils als gesonderte Rechnungen entsprechend dem einstufigen Verfahren durchgeführt werden. Dadurch ergibt sich ein differenzierteres Bild für die einzelnen Sorten.

Wir sehen, daß Unternehmen, die mehrere Erzeugnisse herstellen, die untereinander artverwandt sind und deren Kosten zueinander in einem bestimmten Verhältnis stehen, mit Hilfe des einfachen Äquivalenzziffernverfahrens kalkulieren können.

1.3.2.5 Kuppelkalkulation

In Chemieunternehmen, insbesondere bei erdölverarbeitenden Unternehmen, wie auch bei Kokereien und ähnlichen Betrieben, gibt es einen Verarbeitungsprozeß, bei dem aus einem Rohstoff mehrere unterschiedliche Produkte anfallen. Zum Beispiel entstehen in den Kokereien bei der Verarbeitung der Kohle gleichzeitig Koks, Gas, Teer und Benzol in einem gleichbleibenden Verhältnis zueinander. Die bei einem solchen Produktionsprozeß anfallenden Kosten können demgemäß nicht verursachungsgerecht verrechnet werden, da der Kostenanteil der verschiedenen *Kuppelprodukte* nicht ermittelbar ist. Bei diesem Verarbeitungsprozeß können wir nur eine Kalkulation zugrundelegen, die sich an dem bereits erwähnten Prinzip der Kostentragfähigkeit orientiert. Bei vielen derartigen Verfahren wird zunächst ein Hauptprodukt angestrebt, während die zwangsläufig anfallenden weiteren Produkte Nebenprodukte sind, die auch abgesetzt werden müssen. Es liegt daher nahe, bei der Kalkulation des Hauptprodukts zunächst die Erlöse abzuziehen, die beim Verkauf der Nebenprodukte erzielt werden können. Der Restbetrag, der nach Abzug dieser Erlöse von dem Hauptprodukt getragen werden muß, wird durch die Anzahl der produzierten Hauptprodukteinheiten wie bei der Divisionskalkulation dividiert. Diese Vorgehensweise nennen wir die *Restwertmethode*.

Stellen wir uns eine Chemie-AG vor, die bei einem Produktionsgang das Hauptprodukt A sowie die beiden Nebenprodukte B und C produziert.

Die Gesamtkosten des Produktionsprozesses belaufen sich auf 500.000,– DM in einer Periode. In dieser Periode werden 10.000 Einheiten des Hauptproduktes A produziert. Dabei fallen 800 Einheiten des Produktes B und 600 Einheiten des Produktes C an. Für das Produkt B werden am Markt 20,– DM/Einheit erzielt, für das Produkt C beträgt der Preis 50,– DM/Einheit. Damit ergibt sich folgende Rechnung:

800 Einheiten Produkt B à 20,– DM	= 16.000,– DM
600 Einheiten Produkt C à 50,– DM	= 30.000,– DM
Erlöse durch Nebenprodukte	= 46.000,– DM
verbleiben für das Hauptprodukt A mit 10.000 Einheiten 500.000,– DM – 46.000,– DM	= 454.000,– DM

Der Kostenanteil pro Einheit des Produktes A beträgt somit 45,40 DM. Die auf diese Art ermittelten Herstellkosten der Kuppelproduktion werden durch eine Verrechnung der anfallenden Verwaltungs-/Vertriebskosten ergänzt, um die Selbstkosten des Produkts zu ermitteln. Die Weiterverrechnung der Verwaltungs-/Vertriebskosten kann je nach Art der Produkte mit Hilfe der Zuschlagskalkulation oder der Divisionskalkulation erfolgen.

Neben dieser Restwertmethode ist die Kostenverteilung auch nach der *Marktpreismethode* möglich. Diese geht davon aus, daß zunächst die Marktpreise für alle Produkte der Kuppelproduktion ermittelt werden. Diese ermittelten Marktpreise werden zueinander ins Verhältnis gesetzt, wodurch eine Äquivalenzziffernreihe entsteht. Die anfallenden Gesamtkosten werden dann entsprechend dieser Verhältniszahlen aufgeteilt. Dies hat zur Folge, daß die Kosten jeweils entsprechend der Marktpreisentwicklung verteilt werden. Die Unter-

oder Überdeckung bei den einzelnen Produkten ergibt sich rechnerisch immer im gleichen Verhältnis. Eine differenzierte Betrachtung der Kuppelprodukte ist daher nicht möglich.

Ähnlich wie bei der Marktpreismethode werden bei der *Verteilungsmethode* Äquivalenzziffern gebildet, die als Grundlage für die Kostenverteilung gelten. Diese Äquivalenzziffern bestimmt man nach den Vorstellungen der Kostentragfähigkeit. Im Unterschied zur Marktpreismethode werden diese Äquivalenzziffern von einer verantwortlichen Person des Unternehmens festgelegt; sie ergeben sich nicht durch die Marktpreisentwicklung. Welche Maßstäbe bei der Verteilung der Gesamtkosten angelegt werden, hängt dann auch von der zu verfolgenden Marketing-Politik ab. Wird zum Beispiel mit einem Produkt eine aggressive Preispolitik verfolgt, so wird die Tragfähigkeit und damit die Äquivalenzziffer niedriger angesetzt; wird eine Abschöpfungsstrategie verfolgt, wird man an den äußersten Punkt der Tragfähigkeit gehen.

1.3.3 Die Arten der Kostenträgerrechnung

In den bisherigen Ausführungen haben wir uns mit den verschiedenen Verfahren der Kostenträgerrechnung befaßt. Dabei sind wir zunächst davon ausgegangen, daß uns die Werte aus dem Betriebsabrechnungsbogen sowie aus den Unterlagen der Fertigung (Fertigungszeiten, Materialverbrauch) vorliegen. Die in den Kalkulationen verrechneten Werte sind also Werte, die bei der Produktion und dem Vertrieb der Kostenträger entstanden sind. Es handelt sich um eine Kalkulation, die im nachhinein mit Istkosten erfolgt ist. Eine solche *Nachkalkulation* dient zunächst einmal der Erfolgskontrolle, indem sie mit den erzielten Erlösen verglichen wird und die Unter- oder Überdeckung nachgewiesen wird. Die Nachkalkulation dient aber auch zur Kontrolle der Vorkalkulation, die vor der Produktion und dem Verkauf der Produkte erfolgt.

Die *Vorkalkulation* ist eine *Angebotskalkulation,* die als Grundlage für die Preispolitik dient. Mit ihr sollen die Kosten abgeschätzt werden, die bei der Leistungserstellung oder Ausführung eines bestimmten Auftrages anfallen. Auf unseren Betrieb bezogen heißt das, daß eine Kalkulation für jeden einzelnen Artikel (Sakko, Hose, Freizeitjacke, Freizeithose in den verschiedensten Ausführungen) durchgeführt werden muß, bevor die entsprechenden Artikel am Markt angeboten werden. Dabei können die Einzelkosten im voraus von der Arbeitsvorbereitung durchaus realistisch ermittelt werden. Die Verbrauchsmengen an Stoffen und Zutaten lassen sich aus den Erstmodellen ableiten (Stückliste), und die Fertigungszeiten können aus vorhandenen Zeitunterlagen als Vorgabezeiten ermittelt werden.

Man kann also davon ausgehen, daß die Ermittlung dieser Einzelkosten in der Vorkalkulation relativ genau möglich ist. Die Festsetzung der Gemeinkosten erfolgt dann allerdings mit Hilfe der Prozentsätze, die aus den Kostenrelationen der Vergangenheit im Betriebsabrechnungsbogen abgeleitet werden. Dabei ist nicht sichergestellt, daß diese Kostenrelation auch in Zukunft erhalten bleib   sofern ist es notwendig, daß diese Prozentsätze einer laufenden Kontrolle unterliegen und gegebenenfalls korrigiert werden. Nur so kann sichergestellt sein, daß die Vorkalkulation annähernd den später auftretenden wirklichen Kosten entspricht. Wie weit die Vorkalkulation von den effektiven Kosten, die in der Nachkalkulation ermittelt werden, abweicht, ergibt dann ein Vergleich der Vor- und Nachkalkulation.

Bei Großprojekten ist es üblich, für die fertiggestellten Abschnitte eine *Zwischenkalkulation* in Form der Nachkalkulation zu erstellen. Ein Unternehmen hat dann die Möglichkeit, bei der weiteren Leistungserstellung eventuell korrigierend einzugreifen, falls sich beim Vergleich der Zwischenkalkulation mit der Vorkalkulation herausstellt, daß bereits erhebliche Abweichungen eingetreten sind.

1.4 Zusammenfassende Betrachtung

In den vorangegangenen Ausführungen haben wir die grundlegenden Möglichkeiten der Kostenrechnung für unseren Betrieb kennengelernt. Mit diesen verschiedenen Arten der Kostenrechnung, der Kostenarten-, der Kostenstellen- und der Kostenträgerrechnung, stehen unserem Produktionsleiter Instrumente zur Verfügung, mit denen er in seinem Bereich die Entwicklung der Kosten kontrollieren und seinen Bereich erfolgreich steuern kann. In gleicher Weise können die übrigen Bereichsleiter mit Hilfe dieser Kostenrechnungsinstrumente ihren Bereich steuern.

Da die dazu erforderlichen Arbeiten nicht alle von den entsprechenden Bereichsleitern durchgeführt werden können, werden diese Aufgaben dem Kostenrechner des Unternehmens übertragen. Dieser erstellt für die einzelnen Bereichsleiter die entsprechenden Abrechnungen in einem regelmäßigen Abstand – zum Beispiel monatlich – und gibt damit den Bereichsleitern die Möglichkeit, die Entwicklung in ihren Bereichen zu kontrollieren.

Eine Kontrolle mit Hilfe der erfaßten Ist-Werte ist aber nur möglich, wenn sie mit anderen Werten verglichen werden können. Die absoluten Zahlen ohne Vergleich geben dem einzelnen Bereichsleiter keinen Anhalt dafür, ob er gut oder schlecht gewirtschaftet hat. Die einfachste Vergleichsmöglichkeit, die unser Produktionsleiter hat, ist der jeweilige Vergleich mit dem Vorjahr.

Wir müssen unseren Produktionsleiter aber darauf hinweisen, daß ein solcher Vergleich nur bedingt aussagefähig ist. Wenn die Zahlen im Vergleich zum Vorjahr besser sind, so muß das nicht heißen, daß sie auch gut sind. Wenn in seinem Bereich im Vorjahr schlecht gewirtschaftet wurde, so daß die Kosten sehr hoch waren, zeigt eine Verringerung der Kosten an, daß im Vergleich zum schlechten Vorjahr das Folgejahr zwar besser ist, daß das betreffende Jahr aber noch keinesfalls zur Zufriedenheit verleiten darf.

Aussagekräftiger als ein Vergleich von Istziffern verschiedener Perioden ist ein Vergleich mit anderen Unternehmen *(Betriebsvergleich)*. Das setzt voraus, daß die einzelnen Werte nach den gleichen Grundsätzen ermittelt und voneinander abgegrenzt werden. Schon bei der Betrachtung unserer einfachen beispielhaften Zahlen läßt sich erkennen, daß es bei der Zuordnung einzelner Positionen unterschiedliche Auffassungen geben wird. Wenn unser Produktionsleiter mit einem Kollegen aus einem anderen Unternehmen die Zahlen vergleichen will, muß sichergestellt sein, daß alle Zahlen nach den gleichen Grundsätzen ermittelt und somit vergleichbar sind. Fraglich ist allerdings, ob ein Konkurrenzunternehmen überhaupt bereit ist, sich in dieser Form in die Karten schauen zu lassen. Betriebsvergleiche werden daher in der Regel anonym über die entsprechenden Branchenverbände oder über entsprechende Beratungsbüros durchgeführt. Da kein direkter Kontakt zwischen den vergleichenden Unternehmen besteht, ist eine Abstimmung über Abgrenzung und Zuordnung der einzelnen anfallenden Beträge noch wesentlich schwieriger. Trotzdem hat sich in der Praxis herausgestellt, daß derartige Vergleichzahlen aussagekräftige Hinweise für die einzelnen Unternehmen beinhalten. Unser Produktionsleiter wird also durchaus daran interessiert sein, an einem solchen Betriebsvergleich teilzunehmen, um seine eigenen Kosten richtig beurteilen zu können.

Eine bessere und aussagekräftigere Vergleichsmöglichkeit mit internen zur Verfügung stehenden Zahlen ergibt sich dadurch, daß unser Produktionsleiter für die einzelnen Kostenpositionen bestimmte Sollwerte zu Beginn einer Periode aufgrund realistischer Zielvorstellungen festlegt.

Wenn nach Ablauf der Periode die verschiedenen Kostenarten bei den Kostenstellen und Kostenträgern diese Sollwerte erreichen, kann er mit seinem Ergebnis zufrieden sein. Für den Fall, daß er diese gesteckten Ziele nicht erreicht hat, wird er nach Gründen dafür suchen. Dies gibt ihm dann die Möglichkeit, Fehler aufzudecken, um so in der nächsten Periode diese Fehler zu vermeiden. Der Soll-Ist-Vergleich ist also ein wesentliches Instrument zur wirtschaftlichen Bereichs- und

Unternehmensführung und ist schon bei den beschriebenen traditionellen Kostenrechnungssystemen erfolgreich anzuwenden. Durch eine Weiterentwicklung dieser beschriebenen Art der Kostenrechnung zu modernen Kostenrechnungssystemen kann eine Verbesserung der Aussage und damit der Entscheidungsfindung erreicht werden. Mit diesen Systemen wollen wir uns im Kapitel 3 ausführlicher befassen.

Zunächst bleibt aber zu fragen, wie unser Produktionsleiter und auch der Kostenrechner zu den Werten kommt, die sie für die beschriebenen Kostenrechnungsinstrumente benötigen.

2 Die Buchhaltung als Datenlieferant

2.1 Aufgaben der Buchhaltung

Die vorangegangenen Kapitel haben gezeigt, daß unser Produktionsleiter zur Steuerung seines Bereichs eine Vielzahl von Daten benötigt, die in den verschiedenen Unterlagen und Belegen zu finden sind. Es erscheint daher angebracht, alle erforderlichen Daten an einer Stelle zu erfassen, zu sammeln und zu sortieren, so daß sie für interessierte Personen jederzeit greifbar sind. Diese Aufgabe hat in den Unternehmen die *Buchhaltung (Buchführung)* übernommen. Da mit Hilfe der Buchführung die notwendigen Daten erstmals erfaßt werden, ist sie nicht ein Teil, sondern Grundlage des gesamten Rechnungswesens. Ohne buchhalterische Erfassung wären sämtliche modernen Verfahren des Rechnungswesens entweder unmöglich oder nur unter erschwerten Bedingungen einsetzbar.

Aus diesem Grund erscheint es unserem Produktionsleiter notwendig, sich mit dem Wesen und der Systematik der Buchführung auseinanderzusetzen. Nur so kann er die ihm gelieferten Daten richtig verstehen und gegebenenfalls auch Einfluß auf die richtige Aufbereitung der notwendigen Daten nehmen.

Bei der weiteren Beschäftigung mit dem Wesen der Buchführung stellt Herr P. zu seinem Erstaunen fest, daß die Buchführung das älteste Instrument zur Überwachung eines Unternehmens ist. Bis ins 15. Jahrhundert reichen die Anfänge der heutigen Buchhaltung zurück. Schon damals erschien es den Kaufleuten erforderlich, die wichtigsten Daten des Unternehmens über Einsatz und Leistungen meßbar zu machen und diese Größen wertmäßig in der Buchführung festzuhalten.

Im Laufe der Zeit wurde immer deutlicher, daß im wesentlichen zwei Gruppen von Beteiligten an diesen Informationen interessiert sind:

- Eine Gruppe setzt sich aus den Personen zusammen, die im Unternehmen für eine positive Entwicklung verantwortlich sind. Sie sind daran interessiert, zu erfahren, ob ihre Handlungsweise den gewünschten Erfolg erzielt hat. Sie benötigen Daten, um korrigierend eingreifen zu können. Zu dieser Gruppe zählt auch unser Produktionsleiter P.

- Die zweite Gruppe setzt sich aus dem Personenkreis zusammen, der zwar außerhalb des Unternehmens steht, aber an der Entwicklung des Unternehmens interessiert ist. Hierzu zählen die Kapitalgeber (Beteiligte und Gläubiger), Lieferanten sowie der Staat als Steuergläubiger.

Die Überwachung der Daten, die den innerbetrieblichen Personenkreis interessiert, ist diesem zur eigenen Gestaltung überlassen. Dieser Bereich wird zunächst unter dem Begriff *„Betriebsbuchhaltung"* in die gesamte *Geschäftsbuchführung* des Unternehmens integriert und baut auf der *Finanzbuchhaltung* auf. Er wurde aber in den letzten Jahrzehnten weitgehend zu einem selbständigen modernen Abrechnungs- und Kontrollsystem weiterentwickelt.

Das Interesse der außerbetrieblichen Personen wird durch den Gesetzgeber gewahrt. Dieser hat daher für die verschiedensten Zwecke entsprechende rechtliche Grundlagen geschaffen, die die Unternehmen verpflichten, dem interessierten Personenkreis die gewünschten Aussagen unter einheitlichen Gesichtspunkten zur Verfügung zu stellen. Dieser Teil der Buchführung – die Finanzbuchhaltung – ist im Gegensatz zur innerbetrieblichen Abrechnung nicht der freien Gestaltung des Unternehmens überlassen. Das Unternehmen muß diesen Teil der Buchführung nach den gesetzlichen Vorschriften aufbauen. Daß auch die Finanzbuchhaltung in der Regel über die rechtlichen Grundlagen hinaus wesentlich differenzierter gestaltet wird, hat seine Begründung darin, daß diese Unterlagen für die innerbetriebliche Abrechnung als Grundlage dienen. So ist es nicht verwunderlich, daß die Finanzbuchhaltung sowohl die rechtlichen Auflagen erfüllt wie auch den innerbetrieblichen Bedürfnissen angepaßt ist.

Die rechtlichen Grundlagen sind das *Handelsrecht* und das *Steuerrecht*. Die handelsrechtlichen Bestimmungen finden sich in Vorschriften des Handelsgesetzbuches (HGB), des Aktiengesetzes, des GmbH-Gesetzes und des Genossenschaftsgesetzes. Das Steuerrecht baut auf dem Handelsrecht auf. Es enthält die Bestimmungen, die der Staat für notwendig hält, um seine Interessen unter dem Gesichtspunkt der Einnahmeerzielung wahren zu können. Das Steuerrecht erweitert somit die handelsrechtlichen Bestimmungen im Hinblick auf die Interessen des Staates.

Darüber hinaus gelten für alle Unternehmen gleichermaßen als nicht kodifizierte Generalklausel die *Grundsätze ordnungsgemäßer Buchführung*. Diese sind Regeln, nach denen der Kaufmann zu verfahren hat. Sie richten sich nach der Verkehrsauffassung und sind durchaus im Laufe der Zeit Veränderungen unterworfen (zum Beispiel durch Einführung der EDV).

Im folgenden befaßt sich unser Produktionsleiter mit den Techniken der Buchführung, soweit sie zum Verständnis der Buchführung allgemein und der darauf aufbauenden Kostenrechnungsinstrumente notwendig sind.

2.2 Technik der Buchführung

2.2.1 Inventar, Inventur, Bilanz

Wie unser Produktionsleiter bereits erfahren hat, baut die Buchführung auf den gesetzlichen Vorschriften auf. Nach der Begründung der

Buchführungspflicht (§ 238 HGB) und der Beschreibung, wie die Handelsbücher zu führen sind (§ 239 HGB), fordert der Gesetzgeber in § 240 HGB zunächst die Aufstellung eines *Inventars*. Danach hat jeder Kaufmann zu Beginn seines Handelsgewerbes und zum Schluß eines jeden Geschäftsjahres seine Vermögensgegenstände und Schulden genau zu verzeichnen und dabei den Wert anzugeben (Inventar). Ausgehend von diesem Verzeichnis, hat der Kaufmann zu Beginn seines Handelsgewerbes und für den Schluß eines jeden Geschäftsjahres einen das Verhältnis seines Vermögens und seiner Schulden darstellenden Abschluß *(Bilanz)* sowie eine Gegenüberstellung der Aufwendungen und Erträge des Geschäftsjahres *(Gewinn- und Verlustrechnung)* aufzustellen (§ 242 HGB). In der Bilanz sind das *Anlage-* und das *Umlaufvermögen*, das Eigenkapital und die Schulden gesondert nachzuweisen und hinreichend aufzugliedern (§ 247 HGB). Unter Anlagevermögen versteht der Gesetzgeber „Gegenstände, die bestimmt sind, dauernd dem Geschäftsbetrieb zu dienen". Das Umlaufvermögen ist demzufolge der Teil des Vermögens, der sich im Laufe des Geschäftsjahres umschlägt (zum Beispiel Forderungen, Rohmaterial).

Vom Inventar gelangt man zur Bilanz durch folgende Schritte:

- Im Inventar werden sämtliche Vermögenswerte im einzelnen erfaßt. Nur annähernd gleichwertige oder gleichartige Wirtschaftsgüter können zusammengefaßt werden. Diese zunächst mengenmäßig durchgeführte Auflistung wird bewertet. Unser Produktionsleiter ist selbst an dieser Aufgabe beteiligt, denn in jedem Jahr muß er zum Jahresabschluß eine solche *Inventur* in seinem Bereich durchführen und die entsprechenden Verzeichnisse an die Buchhaltung abgeben.
- Die Buchhaltung faßt dann die einzelnen Positionen des Inventars zu größeren Gruppen zusammen. Während zum Beispiel im Inventar noch jede Maschine nach Typ und Baujahr einzeln aufgeführt wird, wird nun eine Position „Maschinen" gebildet, in der alle Maschinen zusammengefaßt sind. Das gleiche gilt für die anderen Vermögensgüter wie Waren, Forderungen.

Eine solche Zusammenfassung ist naturgemäß nicht mehr mengenmäßig möglich. In die Bilanz gehen daher nur Wertangaben ein. Vermögen und Schulden werden in der Bilanz nicht mehr hintereinander aufgelistet, sondern – um das Verhältnis des Vermögens und der Schulden darzustellen – einander gegenübergestellt.

Bei der Gegenüberstellung erhält der Buchhalter eine Differenz zwischen Vermögen und Schulden, die er als *Eigenkapital* bezeichnet. Damit ergeben beide Seiten der Gegenüberstellung, die Aktivseite mit den Vermögenswerten und die Passivseite mit den Schulden und dem Eigenkapital, die gleiche Summe:

Aktiva		**Bilanz**		Passiva
Grundstücke/Gebäude	2.500.000	2.600.000		Eigenkapital
Maschinen	620.000	300.000		Gesellschafterdarlehen
Geschäftseinrichtung	160.000	2.000.000		Hypothekendarlehen
Kfz-Park	80.000	500.000		langfristiges Darlehen
Roh-, Hilfs-, Betriebsstoffe	3.500.000	1.500.000		kurzfristiges Darlehen
Forderungen	1.000.000	1.000.000		Lieferantenverbindlichkeit
Bank	40.000			
Kasse	0			
	7.900.000	7.900.000		

Auf der linken Seite hat der Buchhalter alle konkret vorhandenen Vermögensgüter aufgeführt, während er auf der rechten Seite die Eigentumsverhältnisse als Kapitalangabe (Eigenkapital und *Fremdkapital*) dargestellt hat. Daraus ergibt sich die Grundgleichung der Bilanz:

Vermögen = Eigenkapital + Fremdkapital

2.2.2 Bilanzveränderungen

Eine Bilanz erstellt unser Buchhalter zum Ende eines jeden Geschäftsjahres *(Schlußbilanz)*. In der Regel ist das Geschäftsjahr identisch mit dem Kalenderjahr. Da sich zwischen dem 31. Dezember und dem 1. Januar nichts ändert, ist eine solche Schlußbilanz gleichzeitig die *Eröffnungsbilanz* für das darauffolgende Jahr. Mit der Buchführungspflicht wird von unserem Unternehmen aber nicht nur verlangt, die Vermögens- und Schuldenwerte einmal im Jahr darzustellen, sondern es müssen alle Veränderungen der Vermögens- oder Kapitalwerte festgehalten werden. Diese Veränderungen können sowohl Güterbewegungen wie auch Zahlungsströme sein. Wenn zum Beispiel der Buchhalter buchen muß, daß ein bestimmter Betrag vom Bankkonto abgebucht wird und als Zugang zum Kassenbestand erfaßt werden muß, verändert dies in gleicher Höhe die zwei Positionen „Bank" und „Kasse" auf der Aktivseite der Bilanz.

Eine Veränderung, die nur die Aktivseite betrifft, wird als *Aktivtausch* bezeichnet.

Bezahlt dahingegen unser Unternehmen die Schulden bei einem Lieferanten mit Hilfe eines Kontokorrentkredits, so verringern sich um diesen Betrag die „Lieferantenverbindlichkeiten", es erhöhen sich aber dementsprechend die Schulden bei den „kurzfristigen Bankkrediten".

Eine Veränderung, die nur die Passivseite betrifft, wird als *Passivtausch* bezeichnet.

Darüber hinaus kennt unser Buchhalter Geschäftsvorfälle, die in gleicher Weise die Aktiv- wie auch die Passivseite verändern. Dabei kann es zu einer Erhöhung oder Verringerung der Summen der beiden Seiten kommen. Wenn zum Beispiel Ware eingekauft, aber noch nicht sofort bezahlt wird, erhöhen sich die Lagerbestände auf der Aktivseite und die Lieferantenverbindlichkeiten um den gleichen Betrag auf der Passivseite.

Wird die Bilanzsumme, das heißt die Summe aller Positionen, um den gleichen Betrag erhöht, spricht man von *Bilanzverlängerung (Aktiv/Passivvermehrung)*.

Hat unser Buchhalter einen Geschäftsvorfall zu buchen, bei dem zum Beispiel durch eine Bezahlung an einen Lieferanten durch eine Überweisung sowohl der Betrag auf dem Bankkonto wie auch die Lieferantenschulden auf der Passivseite verringert werden, so wird dies bezeichnet als *Bilanzverkürzung (Aktiv/Passivverminderung)*.

Werden sowohl der Betrag auf dem Bankkonto als auch die Lieferantenschulden auf der Passivseite verringert, spricht man von Bilanzverkürzung (Aktiv/Passivverminderung).

Bei den bislang beschriebenen Geschäftsvorfällen ergab sich keine Veränderung des Eigenkapitals. Anders ist es dagegen, wenn zum Beispiel Zinsgutschriften den Bestand des Bankkontos erhöhen. Da dies weder mit der Verminderung einer entsprechenden Aktivposition noch mit einer Erhöhung der Schulden verbunden ist, erhöht sich die Differenz zwischen Vermögen und Schulden. Ein solcher Vorgang erhöht deshalb das Eigenkapital. Er ist *erfolgswirksam*. Bei Lohnzahlungen, Mietzahlungen und ähnlichem kommt es zu einer Eigenkapitalverminderung, da sich der Geldbestand auf dem Bankkonto verringert und alle anderen Vermögens- und Schuldpositionen gleichbleiben. Dieser Vorfall wird als „negativ erfolgswirksam" bezeichnet. Die Auswirkungen solcher Geschäftsvorfälle werden im positiven Fall *Ertrag* und im negativen Fall *Aufwand* genannt.

In all den genannten Fällen bleibt eine Regel festzuhalten:

Bei allen Geschäftsvorfällen bleibt die *Bilanzgleichung* stets erhalten, das heißt, die Summe beider Bilanzseiten ist immer identisch.

2.2.3 Buchen auf Konten

Wie wir gesehen haben, ändert jeder Geschäftsvorfall die Zahlen in der Bilanz. Bei konsequenter Fortführung müßte dies dazu führen, daß bei jedem Vorfall die Bilanz neu aufgestellt werden muß. Praktisch ist dies nicht realisierbar, da in jedem Unternehmen sehr viele Geschäftsvorfälle vorkommen, die jeweils zu einer neuen Aufstellung einer Bilanz führen müßten. Das Gesetz verlangt auch nicht die Erstellung einer Bilanz zu jedem Zeitpunkt, sondern jeweils nur zum Ende eines Geschäftsjahres. Verlangt wird allerdings, daß die Geschäftsvorfälle festgehalten werden. Unser Buchhalter muß deshalb einen Weg finden, um die Geschäftsvorfälle zu verbuchen, ohne die Bilanz in jedem Fall in vollem Umfang zu verändern. Dazu wurde das *Konto* entwickelt. Grundgedanke bei der Führung eines Kontos ist, daß jede Position der Bilanz gesondert festgehalten wird. Diese gesonderte Darstellung jeder einzelnen Position auf einem Blatt, einer Karteikarte oder ähnlichem ermöglicht es, daß Veränderungen in jeder Position getrennt erfolgen können. Ein solches Konto kann auf verschiedene Art und Weise geführt werden. Die dem Prinzip der doppelten Buchführung entsprechende Art ist eine zweiseitige Rechnung, bei der die Plus- beziehungsweise Minusveränderungen auf zwei verschiedenen Seiten festgehalten werden. Diese Gegenüberstellung ergibt das sogenannte *T-Konto,* genannt nach der Ähnlichkeit der Form mit dem Buchstaben T. Auch wenn in vielen Buchhaltungen ein solches T-Konto nicht mehr zu finden ist, wie bei der computergestützten Buchhaltung, liegt das Prinzip der Darstellung in Soll und Haben immer noch allen Buchungen zugrunde. Zur besseren Erklärung wird daher hier die T-Konten-Darstellung beibehalten.

Soll		**Bank**		Haben
Anfangsbestand (AB)	40.000,–	5.000,–		Abhebung
		35.000,–		Saldo
	40.000,–	40.000,–		

Auf dem Bankkonto wird zum Beispiel der Anfangsbestand aus der Bilanz mit 40.000,– DM übernommen. Eine Barabhebung in Höhe von 5.000,– DM wird auf der gegenüberliegenden Seite als Minusbetrag vermerkt. Als Differenz ergeben sich dann 35.000,– DM. Diese Differenz zwischen den beiden Kontenseiten wird *Saldo* genannt und jeweils auf der kleineren Seite eingetragen. Dadurch ergeben beide Seiten des Kontos in der Addition wiederum die gleiche Summe.

Die Barabhedung hat aber nicht nur eine Veränderung des Bankkontos zur Folge. Auch das Kassenkonto unterliegt in gleicher Weise einer Veränderung.

Soll		Kasse		Haben
AB	0,–			
Zugang	5.000,–	5.000,–		Saldo
	5.000,–	5.000,–		

Während zunächst auf dem Kassenkonto kein Bestand vorhanden war, erfolgte ein Zugang auf der Sollseite des Kassenkontos. Der Gesamtbestand als Differenz beider Seiten ergibt dann einen Saldo auf der Habenseite in Höhe von 5.000,– DM.

Es ist festzustellen, daß der Geschäftsvorfall „Barabhebung von 5.000,– DM"

– mindestens zwei Konten berührt,
– ein Konto im Soll, ein Konto im Haben verändert,
– die Bilanzveränderungen in gleicher Höhe erfolgen,
– die Bilanzgleichung bestehen bleibt.

Diese Regeln ändern sich auch nicht dadurch, daß eventuell auf der einen Seite nur ein Konto und auf der anderen Seite dagegen zwei Konten berührt werden. So kann unser Buchhalter zum Beispiel buchen, daß eine Lieferantenrechnung teils durch Scheck und teils bar bezahlt wird. Buchungsmäßig würden sich durch eine solche Bezahlung die entsprechenden Konten wie folgt darstellen:

Soll	Lieferantenverbindlichkeiten		Haben
Bezahlung	23.000,–	1.000.000,–	AB

Soll	Bank		Haben
AB	35.000,–	20.000,–	Überweisung

Soll	Kasse		Haben
AB	5.000,–	3.000,–	Barzahlung

Unser Buchhalter hat also eine Rechnung in Höhe von 23.000,– DM bezahlt, bei der 20.000,– DM von der Bank überwiesen und die restlichen 3.000,– DM bar bezahlt wurden. Die oben genannten Regeln sind in vollem Umfang eingehalten worden.

Um eine solche Buchung mit wenigen Worten deutlich machen zu können, bedient sich unser Buchhalter eines sogenannten *Buchungssatzes*. Bei einem solchen Buchungssatz nennt er die beiden anzusprechenden Konten in der jeweiligen Reihenfolge und verbindet sie durch das Wort „an" miteinander. Für die oben genannte Buchung würde der Satz so lauten:

Lieferantenverbindlichkeiten 23.000,– DM an Bank 20.000,– DM
Kasse 3.000,– DM

Häufig werden in der Praxis darüber hinaus die verbalen Bezeichnungen für die Konten durch Kontennummern ersetzt und das Wort „an" durch einen Schrägstrich (/) gekennzeichnet. Zum Beispiel:

statt: Lieferantenverbindlichkeiten an Bank
nur: 160/113

Diese verkürzte Beschreibung eines Geschäftsvorfalls – auch *kontieren* genannt – erleichtert unserem Buchhalter die Arbeit wesentlich, da er so alle notwendigen Angaben ohne überflüssige Zusätze bekommt.

Unser Produktionsleiter interessiert sich auch für die zunächst unverständlichen Bezeichnungen der beiden Kontenseiten mit *Soll* auf der linken Seite und *Haben* auf der rechten Seite. Er erfährt, daß dies historische Gründe hat und auf die Buchung bei Bankkonten zurückzuführen ist. So stellt sich für die Bank ein Kundenkonto in der Form dar, daß ein Guthaben eines Kunden Schulden der Bank gegenüber dem Kunden sind. Wie bei unserem Lieferantenkonto und bei den sonstigen Verbindlichkeiten werden die Schulden der Bank in der Bilanz und im entsprechenden Konto auf der rechten Seite gebucht. Diese auf der rechten Seite gebuchten Schulden der Bank sind gleichzeitig ein *Guthaben* des Kunden. Verpflichtungen des Kunden gegenüber der Bank stehen naturgemäß als Forderungen der Bank gegenüber dem Kunden auf der Sollseite, das heißt, daß der Kunde diesen Betrag einmal zurückzahlen *soll*. Unserem Produktionsleiter sind aus seinem persönlichen Konto bei der Bank diese Begriffe bereits geläufig.

In der Finanzbuchhaltung eines Unternehmens führen die Bezeichnungen allerdings leicht zu Mißverständnissen, da eigene Guthaben in der eigenen Buchhaltung auf der linken, das heißt auf der Sollseite stehen, und Verpflichtungen beziehungsweise Schulden in der eigenen Buchhaltung auf der Habenseite zu finden sind. So müssen Zuflüsse zur Kasse, das heißt Einnahmen, auf der linken Seite = Sollseite verbucht werden, obwohl wir diese Beträge in der Kasse haben. Entnehmen wir Geld aus der Kasse, so werden die Entnahmen auf der Habenseite gebucht, obwohl wir diese Beträge gerade *nicht* mehr in der Kasse haben. Diese Begriffe führen bei unserem Produktionsleiter wie bei jedem Anfänger zunächst zu einiger Verwirrung, doch sind sie nur aus dem oben bezeichneten Fall des Bankkontos erklärbar, das zu den ersten Konten der Buchhaltung überhaupt gehört.

2.2.4 Bilanzkonten und Unterkonten

Wir haben festgestellt, daß sämtliche Positionen einer Bilanz in einzelne Konten aufgelöst werden. Demzufolge unterschieden wir

- auf der Aktivseite Konten wie Maschinenkonten, Warenbestandskonten, Kassenkonten;
- auf der Passivseite Konten wie Eigenkapitalkonten, Bankdarlehenskonten, Lieferantenkonten.

Entsprechend der Bilanzseite werden diese Konten *Aktivkonten* oder *Passivkonten* genannt. Unser Buchhalter bezeichnet sie auch als *Bestandskonten,* da sie den Bestand von Vermögensgütern und Schulden beinhalten. Diese Bestandskonten übernehmen bei der Konteneröffnung die Werte aus der Eröffnungsbilanz. Dabei erfolgt die Buchung des Anfangsbestandes jeweils auf der gleichen Seite, auf der die Werte in der Bilanz stehen. Die Veränderung der Vermögens- und Schuldwerte wird dann auf den entsprechenden Bestandskonten erfaßt.

Zum Schluß einer Periode ermittelt unser Buchhalter den Saldo, der sich als Differenz der Soll- und Habenseite darstellt. Dabei ergibt sich der Überschuß der Sollseite über die Habenseite als Sollsaldo und wird auf der Habenseite gebucht. Umgekehrt ergibt sich der Habensaldo als Überschuß der Habenseite über die Sollseite auf der Sollseite. Bei der Rückführung der Konten in die Bilanz werden diese Salden wiederum als Bestände in die Bilanz übernommen. Unser Buchhalter sagt „in die Bilanz abgeschlossen".

Die aus der Bilanz entwickelten Konten erfassen die Geschäftsvorfälle nach sachlichen Gesichtspunkten. Unser Buchhalter nennt sie daher auch *Sachkonten.* Als Kernstück der Buchführung werden aus ihnen alle anderen Konten entwickelt. In den Sachkonten „Forderungen" und „Lieferantenverbindlichkeiten" faßt unser Buchhalter alle Kreditverkäufe an unsere Kunden beziehungsweise alle Kreditkäufe von unseren Lieferanten zusammen. Eine solche Zusammenfassung auf jeweils nur einem Konto ist in der Praxis nicht praktikabel, da

- die Konten zu stark belastet und unübersichtlich werden,
- keine Kontrolle über den Kontostand der einzelnen Kunden beziehungsweise Lieferanten gegeben ist,
- eine Zusammenfassung sämtlicher Lieferungen beziehungsweise Bezüge pro Geschäftspartner fehlt.

Unser Buchhalter wird daher das Konto „Forderungen" in einzelne Kundenkonten und das Konto „Lieferantenverbindlichkeiten" in einzelne Lieferantenkonten zerlegen. Auf diese Konten pro Kunde beziehungsweise pro Lieferant werden laufend die Lieferungen und Zahlungen erfaßt und der jeweilige Saldo ausgeworfen. So ist jederzeit der Kontostand des Kunden beziehungsweise die Verbindlichkeit bei einem einzelnen Lieferanten ersichtlich. Diese Kunden- beziehungsweise Lieferantenkonten nennt unser Buchhalter *Personenkonten* im Gegensatz zu den bereits genannten „Sachkonten". Die Konten für die Kunden werden zusammenfassend als *Debitorenbuchhaltung*, die für die Lieferanten als *Kreditorenbuchhaltung* bezeichnet. Debitoren- beziehungsweise Kreditorenbuchhaltung unterliegen einer laufenden Überwachung, um die Zahlungsein- beziehungsweise -ausgänge unter Kontrolle zu haben. Die Verknüpfung mit der Hauptbuchhaltung als Kernstück der eigentlichen Finanzbuchhaltung erfolgt dann über Sammelkonten, in denen die Personenkonten zu den schon bereits bekannten Sachkonten „Forderungen" und „Lieferantenverbindlichkeiten" zusammengefaßt werden.

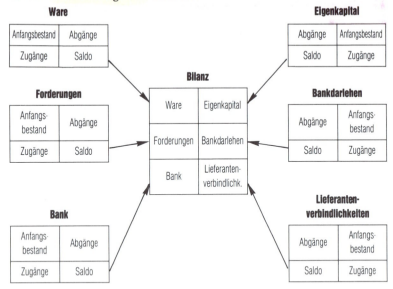

Abbildung 5: Kontenzusammenhang

2.2.5 Eigenkapitalkonto mit Unterkonten

Bei den bisherigen Überlegungen haben wir nur Umschichtungen in den Beständen vorgenommen. Eine Veränderung des Eigenkapitals erfolgte nicht. In der Praxis kommt es aber laufend zu Vermögensveränderungen, die zu Veränderungen des Eigenkapitals führen. Wie ausgeführt, bewirkt eine Lohnzahlung eine Verminderung des Bankguthabens und eine Verminderung des Eigenkapitals. Die Buchung lautet:

Eigenkapital an Bank.

Umgekehrt führt zum Beispiel eine Zinsgutschrift zur Erhöhung des Bankguthabens und Erhöhung des Eigenkapitals. Der Buchungssatz lautet:

Bank an Eigenkapital.

Jede Verringerung der Vermögenswerte, die nicht gleichzeitig zu einer Verringerung der Schulden führt, ergibt als Konsequenz eine Verringerung des Eigenkapitals. Jede Erhöhung der Vermögenswerte ohne Erhöhung der Schulden stellt dann eine Erhöhung des Eigenkapitals dar.

Die Verringerung kann durch Einsatz von Werten erfolgen, das heißt durch Aufwand. Jede Erhöhung erfolgt durch Zufluß von Werten, das heißt durch Ertrag. Die Lohnzahlung stellt demnach Aufwand dar, die Zinsgutschrift Ertrag.

Aufwand und Ertrag sind Ausfluß der Aktivitäten unseres Unternehmens und daher erfolgswirksam, das heißt sie beeinflussen den Erfolg unseres Unternehmens. Ist in einer Periode der Ertrag höher als der Aufwand, sind die Vermögenswerte gewachsen. Es wurde ein positiver *Erfolg* erwirtschaftet, den wir *Gewinn* nennen. Das Eigenkapital hat sich erhöht.

Ist der Aufwand höher als der Ertrag, sprechen wir von *negativem Erfolg* oder *Verlust*. Das Eigenkapital hat sich verringert. Unser Unternehmen hat sich zur Aufgabe gestellt, Güter herzustellen, die aus zugekauften Materialien unter Einsatz von Arbeitskraft und Maschinen entstehen. Diese Güter sollen zu einem Preis verkauft werden, der wertmäßig die Summe der eingekauften Sachgüter und der Arbeitsleistungen übersteigt. Dieser Verkauf liegt aber erst in der Zukunft, und der Erfolg ist ungewiß. Zunächst ergibt sich nur ein Verzehr an Gütern und Leistungen, wie wir ihn bereits kennengelernt haben. Dieser Güter- und Leistungsverzehr verringert als Aufwand zunächst das Eigenkapital, da dem Verzehr nicht zwingend ein neuer Vermögenswert gegenübersteht. Der neue Vermögenswert wird erst in Form des neuen Produktes geschaffen. Dieses neue Produkt stellt bereits einen Ertrag dar, dessen wirklichen Wert wir aber erst beim Verkauf kennenlernen. Die wirkliche Realisierung des Vermögenswertes in Form eines nachweisbaren Ertrages *(Erlös)* ergibt sich erst beim Verkauf des Produktes, das heißt wenn der Markt den gewünschten oder vereinbarten Preis akzeptiert hat.

Der Aufwand verringert also das Eigenkapitalkonto, der Ertrag erhöht das Eigenkapitalkonto. Den Aufwand hat unser Herr P. bereits als Kosten in seiner Kostenrechnung kennengelernt, sofern der Aufwand betriebsnotwendig ist. So wie er verschiedene Kostenarten unterscheidet, unterscheidet der Buchhalter verschiedene Aufwandsarten. Da dieser Aufwand während des Jahres laufend entsteht, muß der Buchhalter diesen Aufwand auch laufend erfassen.

Wie den Aufwand, so erfaßt der Buchhalter auch die verschiedenen Erträge während der Periode sofort, wenn sie anfallen. Diese Erträge können Verkaufserlöse, Zinserträge, Mieterträge oder Erträge irgendwelcher anderen Art sein. Um den Erfolg des Unternehmens kontrollieren zu können, wird der Buchhalter die verschiedenen Arten der Erträge auch getrennt erfassen, so wie er die verschiedenen Aufwandsarten auf getrennten Konten erfaßt.

Zur besseren Übersicht werden diese Aufwands- und Ertragskonten zum Jahresschluß noch einmal in einem Sammelkonto, genannt *Auf-*

wand- und Ertragsrechnung oder „Gewinn- und Verlustrechnung", zusammengefaßt. In dieser „Gewinn- und Verlustrechnung" erscheinen sämtliche Salden der Aufwandskonten auf der Sollseite und sämtliche Salden der Ertragskonten auf der Habenseite. Die Differenz zwischen beiden Seiten ergibt den Gewinn beziehungsweise den Verlust. Ein Beispiel aus unserem Unternehmen soll dies verdeutlichen. Es werden für den Anfang eines Jahres folgende Geschäftsvorfälle angenommen:

a) Am Ende eines Monats werden jeweils die Löhne gezahlt und mit dem Buchungssatz gebucht:

Fertigungslohn an Bank.

b) Am 3. eines jeden Monats wird für ein vermietetes Gebäude der Mieteingang mit dem Buchungssatz gebucht:
Bank an Mieterträge.

c) An Werbeaufwand sind 10.000,— DM und 5.000,— DM angefallen, die mit dem Buchungssatz gebucht werden:

Werbung an Bank.

d) Außerdem sind Reparaturarbeiten bezahlt worden, die mit dem Buchungssatz gebucht werden:

Reparaturen an Bank.

e) In den ersten Tagen des Jahres sind Verkäufe (Umsatzerlöse) getätigt worden in Höhe von 10.000,— DM, 15.000,— DM, 20.000,— DM und 9.000,— DM, die mit dem Buchungssatz gebucht werden:

Forderungen an Umsatzerlöse.

f) Außerdem sind Zahlungseingänge von den Kunden zu verzeichnen in Höhe von 60.000,— DM, 30.000,— DM und 10.000,— DM, die mit dem Buchungssatz gebucht werden:

Bank an Forderungen.

Im Laufe des Jahres erfolgen noch weitere Buchungen. Zum Jahresschluß ergeben sich die Saldobeträge der Aufwandskonten „Fertigungslohn", „Werbung" und „Reparaturen" auf der Habenseite und werden entsprechend auf der Sollseite der Gewinn- und Verlustrechnung (G + V Rechnung) mit dem Buchungssatz gebucht:

G + V an Aufwandskonto.

Die Salden der Erträge ergeben sich auf den Ertragskonten auf der Sollseite und werden in der G + V Rechnung mit dem Buchungssatz gebucht:

Erträge an G + V.

Die Salden der Bestandskonten „Bank" und „Forderungen" ergeben sich jeweils auf der Habenseite und werden in die Bilanz mit dem Buchungssatz gebucht:

Bilanzkonto an Bestandskonto.

Unter Berücksichtigung aller übrigen Konten des Unternehmens ergibt sich dann der Jahresabschluß.

Die Darstellung der Konten sieht wie folgt aus: (Die beispielhaft genannten Abschlußkonten sind in der G + V und in der Bilanz mit * gekennzeichnet.)

Soll		Fertigungslohn		Haben
31.1.	250.000,–			
28.2.	240.000,–			
31.3.	260.000,–			
30.4.	250.000,–			
		3.000.000,–		Saldo* 31.12.
	3.000.000,–	3.000.000,–		

Soll		Werbung			Haben
10.2.		10.000,−			
25.3.		5.000,−			
			450.000,−		Saldo* 31.12.
		450.000,−	450.000,−		

Soll		Reparaturen			Haben
7.4.		8.000,−			
10.5.		3.000,−			
			60.000,−		Saldo* 31.12.
		60.000,−	60.000,−		

Soll		Bank			Haben
AB		30.000,−	250.000,−		31.1.
3.1.		50.000,−	10.000,−		10.2.
5.1.		60.000,−	240.000,−		28.2.
8.1.		30.000,−	5.000,−		25.3.
12.1.		10.000,−	260.000,−		31.3.
3.2.		50.000,−	8.000,−		7.4.
3.3.		50.000,−	250.000,−		30.4.
3.4.		50.000,−	3.000,−		10.5.
			40.000,−		Saldo 31.12.*
		19.420.000,−	19.420.000,−		

Soll		Forderungen			Haben
AB		900.000,−	60.000,−		5.1.
7.1.		10.000,−	30.000,−		8.1.
12.1.		15.000,−	10.000,−		12.1.
15.1.		20.000,−			
18.1.		9.000,−			
			1.000.000,−		Saldo 31.12.*
		21.000.000,−	21.000.000,−		

Soll		Mieterträge		Haben
		50.000,–	3.1.	
		50.000,–	3.2.	
		50.000,–	3.3.	
		50.000,–	3.4.	
*31.12. Saldo	600.000,–			
	600.000,–	600.000,–		

Soll		Umsatzerlöse		Haben
		10.000,–	7.1.	
		15.000,–	12.1.	
		20.000,–	20.1.	
		9.000,–	28.1.	
*31.12. Saldo	19.000.000,–			
	19.000.000,–	19.000.000,–		

Soll		G + V Rechnung im Jahr A		Haben
Materialverbrauch	8.000.000,–	19.000.000,–		Umsatzerlöse*
*Fertigungslohn	3.000.000,–	600.000,–		Mieterträge*
sonst. Personalkost.	3.200.000,–			
Provision	1.140.000,–			
Abschreibungen	490.000,–			
Zinsen	350.000,–			
Skontoaufwendungen	660.000,–			
Kfz-Aufwand	120.000,–			
*Werbung	450.000,–			
Postgebühren	240.000,–			
Energie	170.000,–			
*Reparaturen	60.000,–			
Reinigung	20.000,–			
Steuern/Gebühren	150.000,–			
Verwaltung	750.000,–			
Aufwand für vermietetes Gebäude	500.000,–			
Gewinn	300.000,–			
Summe	19.600.000,–	19.600.000,–		Summe

Aktiva	Schluß-Bilanz im Jahr A		Passiva
Grundstücke/Gebäude	2.500.000,–	2.300.000,–	Eigenkapital
Maschinen	620.000,–	300.000,–	Gewinnvortrag
Geschäftseinrichtung	160.000,–	300.000,–	Gesellschafter-Darlehen
Kfz-Park	80.000,–	2.500.000,–	Hypotheken-Darlehen
Fertig- und Halbfertigerzeugnisse	500.000,–	500.000,–	langfristige Darlehen
Roh-, Hilfs- und Betriebsstoffe	3.500.000,–	1.500.000,–	kurzfristige Darlehen
*Forderungen	1.000.000,–	1.000.000,–	Lieferantenverbindlichkeiten
*Bank	40.000,–		
Kasse	0,–		
Summe	8.400.000,–	8.400.000,–	Summe

In dem genannten Beispiel sind die verschiedenen Aufwandskonten sehr summarisch zusammengefaßt. Unser Produktionsleiter benötigt für seine Kostenrechnung aber differenziertere Aufstellungen. Er veranlaßt daher den Buchhalter, schon bei der Erfassung der einzelnen Beträge die Konten entsprechend aufzugliedern. So hält er es für notwendig, das Konto Fertigungslöhne in verschiedene Konten für die einzelnen Produktionsgruppen und Arbeitsplätze aufzugliedern. Es ist dann möglich, aus diesen Konten direkt die Beträge für die Kostenrechnung abzulesen. Auch das beispielhaft angeführte Konto Reparaturen wird der Buchhalter noch in einzelne Unterkonten zerlegen, damit der Produktionsleiter eine bessere Kontrolle darüber hat, wo diese Reparaturen angefallen sind. In gleicher Weise wird auf Wunsch des Kostenrechners die Buchhaltung auch die anderen Aufwandskonten in weitere Unterkonten zerlegen. Damit hat der Kostenrechner die notwendige Grundlage für seine Kostenrechnungssysteme, die er den einzelnen Bereichsleitern und damit auch unserem Produktionsleiter vorlegen kann.

Dem aufmerksamen Leser wird nicht entgangen sein, daß im Zusammenhang mit der Buchhaltung immer von Aufwandskonten und Aufwand gesprochen wurde, im Zusammenhang mit der Kostenrechnung von Kosten. Da die Aufwandskonten gleichzeitig Grundlage der Kostenrechnung sind, erweckt dies den Anschein, als ob beide Begriffe gleichzusetzen sind. Bei dem größten Teil aller Aufwendungen wird man auch davon ausgehen können, daß dies Kosten im Sinne der

Kostenrechnung sind. Erinnert sei an die Definition der Kosten als „betriebsnotwendiger Leistungsverzehr". Damit wird deutlich, daß Aufwendungen, die nicht im Rahmen des betrieblichen Geschehens anfallen, keine Kosten sind. In dem vorliegenden Beispiel der G+V sehen wir neben den vielen betrieblichen Aufwendungen unter anderem die Position „Aufwand für vermietetes Gebäude 500.000,– DM". Dieses Gebäude ist offensichtlich zur betrieblichen Leistungserstellung nicht notwendig und deshalb vermietet worden. Diese Aufwendungen zählen also nicht zu den Kosten des Betriebes. Andererseits gibt es sogenannte kalkulatorische Kosten, die in der Buchhaltung nicht als Aufwand erfaßt werden (siehe Kapitel 1.1.3.1, 1.1.6.1, 1.1.6.5).

In gleicher Weise gibt es Erträge, die nicht auf eine betriebliche Leistung zurückzuführen sind. Auch diese Erträge finden keinen Eingang in die betriebliche Kosten/Leistungsrechnung. So finden wir in der G+V die Mieterträge in Höhe von 600.000,– DM aus dem vermieteten Gebäude. Diese Erträge gehören nicht zur betrieblichen Leistungserstellung.

In die betriebliche Kosten/Leistungsrechnung gehen die genannten Beträge nicht ein. Das Ergebnis der betrieblichen Arbeit, das sogenannte *Betriebsergebnis*, unterscheidet sich also von dem Gesamtergebnis des Unternehmens um diese Beträge, die auch als *außerordentlicher Aufwand* und *außerordentlicher Ertrag* bezeichnet werden. Schlüsselt man das Unternehmensergebnis auf, so ergibt sich aus dem betrieblichen Geschehen ein Betriebsergebnis von 200.000,– DM und aus den außerordentlichen Aufwendungen und Erträgen ein außerordentliches Ergebnis in Höhe von 100.000,– DM, so daß sich insgesamt ein Unternehmensergebnis von 300.000,– DM in der G+V Rechnung und in der Bilanz zeigt.

Damit wird deutlich, daß es durchaus sinnvoll ist, zwischen Aufwand/Ertrag in der Buchhaltung und Kosten/Leistung in der Kostenrechnung zu unterscheiden.

2.3 Buchung verschiedener Geschäftsvorfälle

Nachdem unser Produktionsleiter die Grundzüge der Buchführung kennengelernt hat, läßt er sich nun die einzelnen Geschäftsvorfälle im Unternehmen vom Buchhalter erläutern, um einen vollständigen Überblick über die Buchführung seines Unternehmens und der entsprechenden Daten zu bekommen. Er möchte den Ursprung seiner eigenen Steuerungsdaten besser verstehen. Zu diesem Zweck spricht er nun die Geschäftsvorfälle des abgelaufenen Jahres B mit dem Buchhalter durch. Der Einfachheit halber werden in dieser Betrachtung die gleichartigen Geschäftsvorfälle in der Jahressumme zusammengefaßt und als eine Buchung angesehen, obwohl diese im Laufe des Jahres eine Vielzahl an Buchungen sind.

2.3.1 Einkauf auf Rechnung

Um den Produktionsprozeß der Reihe nach verfolgen zu können, beginnen wir mit der Betrachtung des Einkaufs und schließen daran die einzelnen Vorgänge an. Der Vorgang des Einkaufs ist durch die Besonderheit gekennzeichnet, daß die Ausgaben für das eingekaufte Material nicht identisch sind mit dem Verzehr an Material bei der Leistungserstellung. Der Kauf von Material bedeutet zunächst bei sofortiger Bezahlung einen reinen Aktivtausch, das heißt eine Umschichtung von Geldwerten in Materialwerte. Daraus ergibt sich der Buchungssatz:

Rohstofflager an Bank (oder Kasse).

In der Regel wird im Wirtschaftsleben für das gelieferte Material eine Rechnung geschrieben und diese dann früher oder später bezahlt. Es erhöht sich damit der Lagerbestand an Rohmaterial sowie die Summe der Lieferantenverbindlichkeiten. Der Buchungssatz lautet dann:

Rohstofflager an Lieferantenverbindlichkeiten.

In unserem Unternehmen ergaben sich im Bereich Einkauf folgende Geschäftsvorfälle:

(1a)	Materialeinkauf für Sakkos	1.600.000,— DM
(1b)	Materialeinkauf für Anzüge	3.200.000,— DM
(1c)	Materialeinkauf für Hosen	1.000.000,— DM
(1d)	Materialeinkauf für Freizeitjacken	1.200.000,— DM
(1e)	Materialeinkauf für Freizeithosen	700.000,— DM

Als weiterer Einkaufsvorgang ergab sich

(2) Materialeinkauf für Modelle   500.000,— DM

Aus den Rechnungen sieht unser Produktionsleiter, daß außer dem reinen Materialpreis als weitere Position 14 Prozent *Mehrwertsteuer* berechnet wurde. Vom Buchhalter erfährt er, daß diese Mehrwertsteuer *(Vorsteuer)* dem Lieferanten bezahlt werden muß, aber gleichzeitig ein Guthaben gegenüber dem Finanzamt darstellt. Deshalb muß es auf einem gesonderten Konto getrennt erfaßt werden (siehe Kapitel 2.3.7.1). Dieses Guthaben kann später mit der Mehrwertsteuerschuld, die sich bei der Berechnung der Verkäufe ergibt, aufgerechnet werden (siehe Kapitel 2.3.7.1). Somit ergeben sich aus den oben genannten Einkäufen folgende Buchungssätze:

(1a) Roh-Hilfsstoffe   1.600.000,—
     Vorsteuer   224.000,—
         an Lieferantenverbindlichkeiten   1.824.000,—

(1b) Roh-Hilfsstoffe   3.200.000,—
     Vorsteuer   448.000,—
         an Lieferantenverbindlichkeiten   3.648.000,—

(1c) Roh-Hilfsstoffe   1.000.000,—
     Vorsteuer   140.000,—
         an Lieferantenverbindlichkeiten   1.140.000,—

(1d)	Roh-Hilfsstoffe	1.200.000,–	
	Vorsteuer	168.000,–	
	an Lieferantenverbindlichkeiten		1.368.000,–
(1e)	Roh-Hilfsstoffe	700.000,–	
	Vorsteuer	98.000,–	
	an Lieferantenverbindlichkeiten		798.000,–
(2)	Roh-Hilfsstoffe	500.000,–	
	Vorsteuer	70.000,–	
	an Lieferantenverbindlichkeiten		570.000,–

Auf den Konten ergeben sich damit folgende Buchungen:

Soll	Lager Roh-Hilfsstoffe		Haben
AB	3.500.000,–		
(1a)	1.600.000,–		
(1b)	3.200.000,–		
(1c)	1.000.000,–		
(1d)	1.200.000,–		
(1e)	700.000,–		
(2)	500.000,–		

Soll	Lieferantenverbindlichkeiten		Haben
		1.000.000,–	AB
		1.824.000,–	(1a)
		3.648.000,–	(1b)
		1.140.000,–	(1c)
		1.368.000,–	(1d)
		798.000,–	(1e)
		570.000,–	(2)

Soll	Vorsteuer		Haben
(1a)	224.000,–		
(1b)	448.000,–		
(1c)	140.000,–		
(1d)	168.000,–		
(1e)	98.000,–		
(2)	70.000,–		

Neben dem Einkauf von Roh-Hilfsstoffen kauft Produktionsleiter P. für seinen Bereich noch Maschinen gegen Rechnung für Beträge von 40.000,– DM und 60.000,– DM. Auch für diese Maschinen müssen 14 Prozent Mehrwertsteuer gezahlt werden. Daraus ergeben sich die Buchungssätze:

(3a) Maschinen 40.000,–
   Vorsteuer 5.600,–
   an Lieferantenverbindlichkeiten 45.600,–

(3b) Maschinen 60.000,–
   Vorsteuer 8.400,–
   an Lieferantenverbindlichkeiten 68.400,–

Außerdem weist der Buchhalter darauf hin, daß im übrigen Unternehmen noch Geschäftseinrichtungen für einen Betrag von 80.000,– DM gekauft wurden. Das ergibt den Buchungssatz:

(3c) Geschäftseinrichtung 80.000,–
   Vorsteuer 11.200,–
   an Lieferantenverbindlichkeiten 91.200,–

Die kontenmäßigen Buchungen lauten wie folgt:

Soll		Maschinen	Haben
AB		620.000,–	
(3a)		40.000,–	
(3b)		60.000,–	

Soll		Geschäftseinrichtung	Haben
AB		160.000,–	
(3c)		80.000,–	

Soll		Lieferantenverbindlichkeiten	Haben
		45.600,–	(3a)
		68.400,–	(3b)
		91.200,–	(3c)

Soll	Vorsteuer	Haben
(3a) 5.600,–		
(3b) 8.400,–		
(3c) 11.200,–		

In der weiteren Verfolgung der eingehenden Rechnungen weist der Buchhalter auf Reparaturrechnungen aus folgenden Geschäftsvorfällen hin:

(4a) Reparatur an Anlagen in der Modellabteilung   1.500,– DM
(4b) Reparatur an Anlagen in der Fertigung   11.500,– DM
(4c) Reparatur an Anlagen in der Materialabteilung   2.000,– DM

plus 14 Prozent Mehrwertsteuer.

Des weiteren ergeben sich Rechnungen für Gebäudereparaturen, und zwar Malerrechnungen:

(5a) für die Modellabteilung   1.000,– DM
(5b) für die Fertigung   8.000,– DM
(5c) für die Materialabteilung   2.000,– DM
(5d) für die Verwaltung   4.000,– DM

jeweils plus 14 Prozent Mehrwertsteuer.

Weitere Rechnungen ergeben sich für den Bereich Werbung, und zwar folgende Beträge:

(6a) Anzeigenserie Sakko   110.000,– DM
(6b) Rechnung für allgemeine Werbung   165.000,– DM

beide Beträge plus 14 Prozent Mehrwertsteuer.

Als weitere Einkäufe gegen Rechnung ergeben sich:

(7) Benzinrechnung 90.000,— DM
(8) Kfz-Reparaturrechnung 40.000,— DM

ebenfalls plus 14 Prozent Mehrwertsteuer.

Die Buchungen für diese Geschäftsvorfälle lauten:

Soll		Lieferantenverbindlichkeiten		Haben
		17.100,—		(4)
		17.100,—		(5)
		125.400,—		(6a)
		188.100,—		(6b)
		102.600,—		(7)
		45.600,—		(8)

Soll		Reparaturen Anlagen/Geschäftseinrichtung		Haben
(4a)		1.500,—		
(4b)		11.500,—		
(4c)		2.000,—		

Soll		Hausreparaturen		Haben
(5a)		1.000,—		
(5b)		8.000,—		
(5c)		2.000,—		
(5d)		4.000,—		

Soll		Werbeaufwand		Haben
(6a)		110.000,—		
(6b)		165.000,—		

Soll		Kfz-Aufwand		Haben
(7)		90.000,—		
(8)		40.000,—		

Soll	Vorsteuer	Haben
(4) 2.100,–		
(5) 2.100,–		
(6a) 15.400,–		
(6b) 23.100,–		
(7) 12.600,–		
(8) 5.600,–		

2.3.2 Zahlungsverkehr

Bei den bisher besprochenen Geschäftsvorfällen erfolgte eine Leistung gegenüber unserem Unternehmen, für die eine Rechnung ausgestellt wurde. Bei Fälligkeit dieser Rechnung muß der Betrag den Lieferanten in irgendeiner Form bezahlt werden. In einzelnen Fällen wird eine Rechnung im nachhinein mit Bargeld bezahlt. Ein entsprechender Buchungssatz würde lauten:

Lieferantenverbindlichkeiten an Kasse.

Dazu ist es aber erforderlich, daß entsprechend Bargeld in der Kasse ist. Das Unternehmen muß einen entsprechenden Betrag von der Bank abheben. Im Laufe des Jahres werden mehrfach einzelne Beträge von der Bank abgehoben und der Kasse zugeführt. Die Summe aller Abhebungen beträgt 800.000,– DM, so daß sich insgesamt als Geschäftsvorfälle ergeben:

(9) Barabhebung von der Bank   800.000,– DM

Von diesen 800.000,– DM werden die im folgenden noch erwähnten Barzahlungen bestritten. Auf dem Konto stellt sich die Buchung wie folgt dar:

Soll	Kasse		Haben
AB	0,–		
(9)	800.000,–		

Soll	Bank		Haben
AB	40.000,–	800.000,–	(9)

Im Regelfall werden Lieferantenrechnungen durch Scheck oder Überweisung bezahlt. Von den aufgelaufenen Lieferantenverbindlichkeiten werden bezahlt:

(10) Benzinrechnung durch Scheck   102.600,– DM
(11) Rechnung Anzeigen durch Überweisung   125.400,– DM
(12) Malerrechnung durch Scheck   17.100,– DM
(13) weitere diverse Rechnungen
     durch Überweisung   9.800.000,– DM

Die oben genannten Buchungen schlagen sich wie folgt auf den Konten nieder:

Soll	Lieferantenverbindlichkeiten		Haben
(10)	102.600,–	1.000.000,–	AB
(11)	125.400,–	1.824.000,–	(1a)
(12)	17.100,–		
(13)	9.800.000,–		

Soll	Bank		Haben
AB	40.000,–	800.000,–	(9)
		102.600,–	(10)
		125.400,–	(11)
		17.100,–	(12)
		9.800.000,–	(13)

Dem aufmerksamen Leser wird auffallen, daß von der Bank erheblich höhere Beträge abgebucht wurden, als auf dem Konto vorhanden sind. Dies mag zunächst unrealistisch erscheinen. Als Erklärung sei gesagt, daß es sich bei den Beispielen um Zusammenfassungen aus dem ganzen Jahr handelt und zwischendurch Einzahlungen, die in dem folgenden Kapitel noch beschrieben werden, erfolgen. Andererseits ist es aber auch durchaus möglich, daß dem Unternehmen ein Kontokorrentkredit eingeräumt ist und das Konto in der entsprechenden Höhe überzogen werden kann.

Der unbare Zahlungsverkehr erfolgt in der Regel durch *Überweisungen* oder durch *Scheck*. Bei der Überweisung wird die Bank beauftragt einen bestimmten Betrag vom Konto unseres Unternehmens an den Empfänger des Geldes zu überweisen. Bei Bezahlung mit Scheck wird der Scheck dem Empfänger der Zahlung zugestellt. Der Empfänger reicht den Scheck bei seiner eigenen Bank ein und erhält eine Gutschrift in Höhe des Scheckbetrages auf sein Konto (Verrechnungsscheck), oder der Betrag wird bar ausgezahlt (Barscheck). Der Scheck wird dem Konto des Ausstellers belastet.

Bei Überweisung und bei Scheckzahlung wird der Betrag vom Bankkonto abgebucht, das heißt, der Bestand des Bankkontos verringert sich. Gleichgültig ist, ob auf dem Bankkonto ein Guthaben oder ein Schuldbetrag steht. Sofern auf dem Bankkonto ein Guthaben steht, verringert sich das Guthaben; bei einem Schuldbetrag erhöhen sich die Schulden entsprechend. Voraussetzung ist selbstverständlich, daß dem Kontoinhaber durch Vereinbarung mit der Bank ein Überziehen des Kontos aufgrund eines Kontokorrentkredits gestattet ist. Dieser Kredit gilt jeweils in der Höhe als „in Anspruch genommen", in der das Konto „überzogen" ist. Die Zinsen für den Kontokorrentkredit werden jeweils in der in Anspruch genommenen Höhe pro Tag berechnet.

Neben einem solchen laufenden Konto haben Unternehmen auch Darlehenskonten, auf denen der entsprechende Schuldbetrag gebucht ist. Auf diesem Konto erfolgen in der Regel nur Tilgungsbuchungen. Die Zinsbelastungen für das Konto werden auf dem laufenden Konto belastet.

Außer mit Scheck und Überweisung kann im unbaren Zahlungsverkehr auch mit *Wechsel* gezahlt werden. Unser Buchhalter erläutert dem Produktionsleiter, daß in unserem Unternehmen nicht mit Wechsel bezahlt wird, gibt ihm zur Wechselzahlung aber gern einige zusätzliche Erklärungen.

Der Wechsel ist ein Wertpapier und als ein sogenanntes abstraktes Zahlungsversprechen losgelöst von dem Verpflichtungsgrund. Der Wechsel muß daher eingelöst werden, auch wenn das Grundgeschäft inzwischen nichtig ist. Ein rechtsgültiger Wechsel muß eine Reihe von wichtigen Bestandteilen enthalten, die im Wechselgesetz festgeschrieben sind.

Zahlt ein Schuldner mit einem Wechsel, so verschafft er sich für die Laufzeit des Wechsels einen Kredit. Bei Fälligkeit des Wechsels muß dann die Schuld beglichen werden. Selbstverständlich wird für die Laufzeit des Wechsels auch ein Zins berechnet, der sogenannte *Diskont*. Darüber hinaus unterliegt der Wechsel der Wechselsteuer. Außerdem entstehen beim Einzug oder der Weitergabe Gebühren. Der Diskont, die Wechselsteuer und die Gebühren werden dem *Bezogenen* zusätzlich zum Wechselbetrag als *Wechselspesen* in Rechnung gestellt.

Auch unser Unternehmen hat Kunden, die mit Wechsel bezahlen. Die Laufzeit dieser Wechsel beträgt in der Regel drei Monate. Wenn unser Unternehmen einen Wechsel zum Ausgleich einer Forderung bekommt, verwandelt sich die normale Forderung aus Warenlieferungen in eine Wechselforderung. Das muß der Buchhalter auch in der Buchführung erfassen. Er verringert daher den Bestand an Forderungen aus Warenlieferungen und erhöht den Bestand an Wechselforderungen. Der entsprechende Buchungssatz lautet dann:

Besitzwechsel an Forderungen.

Der Finanzchef unseres Unternehmens kann nun entscheiden, ob er den Wechsel bis zur Fälligkeit behalten will oder ob er ihn bereits sofort zur Bank zum Diskont einreicht. Im letzteren Fall bekommt er sofort den Betrag gutgeschrieben und kann über das Geld verfügen. Der dem Schuldner berechnete Diskont wird dann wiederum von der

Bank an unser Unternehmen berechnet. Der Buchungssatz für die Weitergabe des Wechsels lautet dann:

Bank an Besitzwechsel.

Damit steht dem Unternehmen der Betrag zur Verfügung. Der Finanzchef darf den Wechsel trotzdem nicht aus dem Auge verlieren. Für den Fall, daß der Bezogene den Wechsel am Fälligkeitstag nicht einlösen kann, ist unser Unternehmen, das den Wechsel als *Akzeptant* unterschrieben hat, aus diesem Wechsel verpflichtet und muß ihn einlösen. Der Finanzchef wird daher eine Aufzeichnung darüber haben, wieviel Wechsel in welcher Höhe zu welchem Fälligkeitsdatum weitergegeben wurden, so daß er jeweils nach Ablauf der Fälligkeit davon ausgehen kann, daß der Wechsel eingelöst wurde und das Unternehmen daraus nicht mehr verpflichtet wird. Wir müssen aber festhalten, daß diese Eventualverpflichtung nicht in der Buchführung erfaßt ist und auch am Ende des Jahres nicht in der Bilanz erscheint. Aus diesem Grund wird der Buchhalter am Ende des Jahres diese Eventualverpflichtungen aus weitergegebenen Wechseln als Gesamtsumme „unter der Bilanz" festhalten, so daß sich jeder, der die Bilanz liest, ein Bild daraus machen kann, in welcher Höhe derartige *Eventualverpflichtungen* bestehen.

Eine besondere Art des Zahlungsverkehrs ergibt sich beim grenzüberschreitenden Handel. Rechnungen für den Import wie auch für den Export können in deutscher oder in ausländischer *Währung* geschrieben werden. Wenn deutsche Währung Grundlage des Geschäfts ist, entstehen in der Buchführung keine Besonderheiten. Der Buchungsvorgang ist der gleiche wie bei einem Geschäft im Inland. Sofern in ausländischer Währung abgeschlossen wird, muß für die Buchführung der Betrag in DM umgerechnet werden. Wenn der *Wechselkurs* zum Zeitpunkt der Rechnungsbuchung der gleiche ist wie zum Zeitpunkt des Zahlungseingangs (bei Export) beziehungsweise wie zum Zeitpunkt der Zahlung (Import), ergeben sich auch keine Probleme. Die Rechnungen und Überweisungen werden mit dem Wechselkurs in deutsche Währung umgerechnet. Die deutsche Währung wird gebucht.

In der Regel wird zum Zeitpunkt der Zahlung der Kurs ein anderer sein als zum Zeitpunkt des Entstehens der Forderung oder der Verbindlichkeit, da in der Zwischenzeit Kursschwankungen eingetreten sind. Damit entspricht zwar in der Fremdwährung die Zahlung noch dem Rechnungsbetrag, in deutscher Währung ergibt sich aber eine Differenz. Diese Differenz kann ein *Wechselkursgewinn* oder ein *Wechselkursverlust* sein.

Beispiele:

Zu einem bestimmten Zeitpunkt wird eine Rechnung für eine Lieferung in die Schweiz in Höhe von 780,— sfr ausgeschrieben und gebucht. Zu diesem Zeitpunkt entspricht der Betrag von 780,— sfr einem Betrag von 1.000,— DM. Der Buchungssatz lautet dann:

Forderungen an Umsatzerlöse   1.000,— DM

Zum Zeitpunkt des Zahlungseingangs entspricht der Gegenwart von 780,— sfr einem DM-Betrag von 980,— DM. Die erwarteten 1.000,— DM gehen also nicht ein. Die entsprechende Buchung muß dann lauten:

Bank 980,— DM an Forderungen 1.000,— DM
Kursverlust 20,— DM

Umgekehrt kann es sein, daß zum Zeitpunkt des Zahlungseingangs die 780,— sfr 1.010,— DM wert sind. Dann lautet der Buchungssatz:

Bank 1.010,— DM an Forderungen 1.000,— DM
             Kursgewinn   10,— DM

Sowohl der Kursverlust wie auch der Kursgewinn werden in die Gewinn- und Verlustrechnung (G+V Rechnung) als Aufwand oder Ertrag abgeschlossen.

2.3.3 Leistungsbezug gegen Barzahlung

Bei der Durchsicht der in der Kostenrechnung erfaßten Kosten kann Herr P. feststellen, daß eine ganze Reihe von Kosten bei der bisherigen Darstellung der Buchführung noch nicht behandelt worden sind. Zunächst müssen wir festhalten, daß nicht für sämtliche Leistungsbezüge eine Rechnung ausgestellt wird. Häufig wird sofort bei Empfang der Leistung bar oder mit Scheck bezahlt. Das Unternehmen bekommt dann zur Bestätigung der Zahlung eine Quittung. Diese dient der Buchhaltung als Buchungsbeleg. So stellen wir als weiteren Geschäftsvorfall fest:

(14a) Lieferung von Werbeprospekten, die sofort
 durch Scheck bezahlt werden 110.000,– DM

(14b) sowie Deko-Material 25.000,– DM

(14c) eine weitere Werbeaktion wird sofort
 durch Scheck bezahlt 110.000,– DM

jeweils plus 14 Prozent Mehrwertsteuer.

Des weiteren wird

(15) die Telefonrechnung durch Abbuchung bezahlt
 (nicht mehrwertsteuerpflichtig) 200.000,– DM

Es werden außerdem

(16) Briefmarken gegen Barzahlung gekauft,
 insgesamt im Jahr 50.000,– DM

Des weiteren werden die fälligen

(17) Wasser/Gasrechnungen laufend durch
 Abbuchung bezahlt, insgesamt 100.000,– DM

 plus 14 Prozent Mehrwertsteuer.

Davon fallen an

(17a) in der Fertigung   40.000,— DM

(17b) in den übrigen Bereichen   60.000,— DM

In gleicher Weise werden auch

(18) die Stromrechnungen durch Abbuchung bezahlt 85.000,— DM

plus 14 Prozent Mehrwertsteuer.

Davon fallen an

(18a) in der Fertigung   80.000,— DM

(18b) in den übrigen Bereichen   5.000,— DM

Weiter werden

(19) diverse Hausreparaturen sofort durch
     Scheck bezahlt, insgesamt   20.000,— DM

plus 14 Prozent Mehrwertsteuer.

Davon

(19a) in der Modellabteilung   5.500,— DM

(19b) in der Fertigung   3.500,— DM

(19c) in der Materialabteilung   5.000,— DM

(19d) in der Verwaltungsabteilung   6.000,— DM

(20) Reparaturen an Geschäftseinrichtungen werden
     ebenfalls sofort durch Schek bezahlt, Summe   15.000,— DM

plus 14 Prozent Mehrwertsteuer.

Davon

(20a)	in der Materialabteilung	5.000,— DM
(20b)	in der Verwaltungsabteilung	10.000,— DM
(21)	Weitere Betriebsmittelkosten werden bar bezahlt, insgesamt	120.000,— DM

plus 14 Prozent Mehrwertsteuer.

Davon

(21a)	in der Modellabteilung	20.000,— DM
(21b)	in der Fertigung	10.000,— DM
(21c)	in der Materialabteilung	25.000,— DM
(21d)	in der Verwaltungsabteilung	65.000,— DM
(22)	Das Reinigungsunternehmen wird jeweils bar bezahlt, insgesamt	20.000,— DM

plus 14 Prozent Mehrwertsteuer.

(23) Sonstige Verwaltungskosten, die jeweils bar bezahlt werden, fallen an, insgesamt 250.000,— DM

plus 14 Prozent Mehrwertsteuer.

Davon

(23a)	in der Modellabteilung	25.000,— DM
(23b)	in der Fertigung	50.000,— DM
(23c)	in der Materialabteilung	25.000,— DM
(23d)	in der Verwaltungsabteilung	150.000,— DM
(24)	Diverse Spesen werden durch Scheck bezahlt, insgesamt	410.000,— DM

plus 14 Prozent Mehrwertsteuer.

Davon

(24a)	in der Modellabteilung	30.000,– DM
(24b)	in der Fertigung	0,– DM
(24c)	in der Materialabteilung	35.000,– DM
(24d)	in der Verwaltungsabteilung	345.000,– DM
(25)	Büromaterial gegen Barzahlung gekauft, insgesamt	240.000,– DM

plus 14 Prozent Mehrwertsteuer.

Davon

(25a)	für die Modellabteilung	10.000,– DM
(25b)	für die Fertigung	40.000,– DM
(25c)	für die Materialabteilung	15.000,– DM
(25d)	für die Verwaltungsabteilung	175.000,– DM

Die oben aufgeführten Geschäftsvorfälle bucht der Buchhalter wie folgt:

Soll	Bank	Haben
	125.400,–	(14a)
	28.500,–	(14b)
	125.400,–	(14c)
	200.000,–	(15)
	114.000,–	(17)
	96.900,–	(18)
	22.800,–	(19)
	17.100,–	(20)
	467.400,–	(24)

Soll	Kasse		Haben
	50.000,–	(16)	
	136.800,–	(21)	
	22.800,–	(22)	
	285.000,–	(23)	
	273.600,–	(25)	

Soll	Werbeaufwand	Haben
(14a)	110.000,–	
(14b)	25.000,–	
(14c)	110.000,–	

Soll	Postgebühren	Haben
(15)	200.000,–	
(16)	50.000,–	

Soll	Energie	Haben
(17a)	40.000,–	
(17b)	60.000,–	
(18a)	80.000,–	
(18b)	5.000,–	

Soll	Hausreparaturen	Haben
(19a)	5.500,–	
(19b)	3.500,–	
(19c)	5.000,–	
(19d)	6.000,–	

Soll	Reparaturen an Anlagen und Geschäftseinrichtung	Haben
(20a)	5.000,–	
(20b)	10.000,–	

Soll		Verwaltung	Haben
(21a)	20.000,–		
(21b)	10.000,–		
(21c)	25.000,–		
(21d)	65.000,–		
(23a)	25.000,–		
(23b)	50.000,–		
(23c)	25.000,–		
(23d)	150.000,–		
(24a)	30.000,–		
(24c)	35.000,–		
(24d)	345.000,–		
(25a)	10.000,–		
(25b)	40.000,–		
(25c)	15.000,–		
(25d)	175.000,–		

Soll		Reinigung	Haben
(22)	20.000,–		

Soll		Vorsteuer	Haben
(14a)	15.400,–		
(14b)	3.500,–		
(14c)	15.400,–		
(17)	14.000,–		
(18)	11.900,–		
(19)	2.800,–		
(20)	2.100,–		
(21)	16.800,–		
(22)	2.800,–		
(23)	35.000,–		
(24)	57.400,–		
(25)	33.600,–		

Der Buchhalter hat nun sämtliche empfangenen Leistungen und deren Bezahlung gebucht. Aus seiner Buchführung ist aber noch nicht abschließend ersichtlich, welche Beträge einen Aufwand darstellen.

2.3.4 Aufwandsbuchungen bei Gütern in Beständen

Bei den oben aufgeführten Buchungen wurden verschiedene Käufe getätigt. Unter anderem handelt es sich um Güter, die für längere Zeit dem Unternehmen zur Verfügung stehen, wie zum Beispiel die Maschinen und die Geschäftseinrichtung. Bereits in der Kostenrechnung haben wir festgestellt, daß diese Maschinen im Jahr der Anschaffung nicht in vollem Umfang verzehrt werden und damit auch nicht in vollem Umfang Kosten darstellen. Das gleiche gilt in der buchhalterischen Betrachtung. Die Maschinen bleiben als Vermögenswert über eine längere Zeit erhalten. Wie bereits bei der Kostenrechnung besprochen, wird die Wertminderung durch Abschreibungen ermittelt. Diese Abschreibungen müssen buchhalterisch erfaßt werden. Da sie eine Wertminderung darstellen, sind sie auf dem Bestandskonto auf der rechten Seite zu buchen. Außerdem muß der in entsprechender Höhe anfallende Aufwand buchhalterisch erfaßt werden. Daraus ergibt sich der Buchungssatz:

Abschreibungen an Bestandskonto Maschinen.

Wenn, wie im obigen Buchungssatz dargestellt, der Buchhalter auf dem Bestandskonto direkt bucht, spricht er von **direkten Abschreibungen**. Der Buchhalter hat aber auch die Möglichkeit, ein sogenanntes *Wertberichtigungskonto* zu führen. Das eigentliche Bestandskonto bleibt dann in voller Höhe erhalten. Auf einem separaten Wertberichtigungskonto werden auf der rechten Seite die Abschreibungen als Wertberichtigung erfaßt. Der Buchungssatz lautet dann:

Abschreibungen an Wertberichtigungskonto.

Da in diesem Fall der Buchhalter das Bestandskonto nicht direkt berührt, sondern die Wertberichtigung nur indirekt vornimmt, spricht man von der **indirekten Buchung**. In unserem Unternehmen zieht es der Buchhalter allerdings vor, die direkte Abschreibung durchzuführen. Für ihn ergeben sich im laufenden Jahr folgende Abschreibungen:

(26) Abschreibungen auf Maschinen insgesamt   320.000,— DM

Davon

(26a) in der Modellabteilung   0,— DM

(26b) in der Fertigung   300.000,— DM

(26c) in der Materialabteilung   0,— DM

(26d) in der Verwaltungsabteilung   20.000,— DM

Bei den Geschäftseinrichtungen muß ebenfalls eine Abschreibung vorgenommen werden, und zwar:

(27) Abschreibungen auf Geschäftseinrichtung, insgesamt   80.000,— DM

Davon

(27a) in der Modellabteilung   0,— DM

(27b) in der Fertigung   20.000,— DM

(27c) in der Materialabteilung   0,— DM

(27d) in der Verwaltungsabteilung   60.000,— DM

Des weiteren hat der Kfz-Park an Wert verloren, und zwar:

(28) Abschreibungen auf Kfz insgesamt   70.000,— DM

Auch das Gebäude verliert an Wert. Dieser Betrag muß ebenfalls erfaßt werden. Der Buchhalter verteilt die Beträge dann gleich auf die einzelnen Abteilungen. Daraus ergibt sich:

(29) Abschreibung auf Gebäude insgesamt   40.000,— DM

Davon

(29a) in der Modellabteilung   2.000,— DM

(29b) in der Fertigung   18.000,— DM

(29c) in der Materialabteilung   6.000,— DM

(29d) in der Verwaltungsabteilung   14.000,— DM

Der Buchhalter bucht diese Abschreibungen in seinen Konten wie folgt:

Soll	Grundstücke/Gebäude		Haben
AB	2.500.000,–	40.000,–	(29)

Soll	Maschinen		Haben
AB	620.000,–	320.000,–	(26)
(3a)	40.000,–		
(3b)	60.000,–		

Soll	Geschäftseinrichtung		Haben
AB	160.000,–	80.000,–	(27)
(3c)	80.000,–		

Soll	Kfz-Park		Haben
AB	80.000,–	70.000,–	(28)

Soll	Gebäudeabschreibung		Haben
(29a)	2.000,–		
(29b)	18.000,–		
(29c)	6.000,–		
(29d)	14.000,–		

Soll	sonstige Abschreibungen		Haben
(26b)	300.000,–		
(26d)	20.000,–		
(27b)	20.000,–		
(27d)	60.000,–		
(28)	70.000,–		

Auf diese Weise hat unser Buchhalter die Wertminderungen auf den Bestandskonten erfaßt. Die Bestandskonten weisen jetzt als Saldo den neuen Wert aus. Gleichzeitig wurden auf den Aufwandskonten die Abschreibungen als Aufwand erfaßt.

Neben den oben genannten langlebigen Wirtschaftsgütern, die über längere Zeit dem Unternehmen dienen, hat das Unternehmen Wirtschaftsgüter eingekauft, die nicht sofort verbraucht wurden. Dazu zählen insbesondere die Einkäufe an Roh- und Hilfsstoffen. Um eine Verbrauchskontrolle zu haben, wurden die Materialien bei Entnahme vom Lager mit Hilfe eines Materialentnahmescheins erfaßt. Daraus ergeben sich insgesamt folgende Geschäftsvorfälle:

(30) Materialentnahme für Fertigung insgesamt 7.400.000,— DM

Davon

(30a) für Sakkoproduktion 1.500.000,— DM

(30b) für Anzugproduktion 3.000.000,— DM

(30c) für Hosenproduktion 1.000.000,— DM

(30d) für Freizeitjackenproduktion 1.200.000,— DM

(30e) für Freizeithosenproduktion 700.000,— DM

Außerdem wurde noch das für die Modellabteilung gekaufte Material vollkommen vom Lager abgerufen, so daß sich ergibt:

(31) Materialentnahme von der Modellabteilung 500.000,— DM

Unser Buchhalter muß auch diesen innerbetrieblichen Vorgang erfassen, damit laufend der echte Bestand aus den Konten ersichtlich ist und der Aufwand für die Produktion aus den Konten abgelesen werden kann. Er führt daher folgende Buchungen durch:

Soll		**Lagerbestand Roh-/Hilfsstoffe**		Haben
AB	3.500.000,—	7.400.000,—		(30)
(1a)	1.600.000,—	500.000,—		(31)
(1b)	3.200.000,—			
(1c)	1.000.000,—			
(1d)	1.200.000,—			
(1e)	700.000,—			
(2)	500.000,—			

Soll	Material-Verbrauch	Haben
(30a)	1.500.000,–	
(30b)	3.000.000,–	
(30c)	1.000.000,–	
(30d)	1.200.000,–	
(30e)	700.000,–	
(31)	500.000,–	

Unser Produktionsleiter hatte einen Betrieb kennengelernt, in dem das Material nicht per Materialentnahmeschein vom Materiallager abgerufen, sondern formlos je nach Bedarf herausgegeben wurde. Auf die Frage an den Buchhalter, wie denn dieser Materialverbrauch erfaßt würde, erläuterte ihm der Buchhalter, daß dies mit Hilfe der Inventur möglich sei. Bei der Inventur wurde in unserem Unternehmen am Ende des Jahres ein Bestand festgestellt von:

Material für Sakkos	800.000,– DM
Material für Anzüge	1.000.000,– DM
Material für Hosen	800.000,– DM
Material für Freizeitjacken	700.000,– DM
Material für Freizeithosen	500.000,– DM
Gesamtsumme	3.800.000,– DM

Durch die Gegenüberstellung der Inventurbestände vom Vorjahr, den Zukäufen und dem Inventurbestand am Ende des Jahres läßt sich ebenfalls der Materialverbrauch ermitteln, der dann in entsprechender Weise gebucht werden kann.

Wir unterscheiden also beim Bezug von Fremdleistungen zwei Arten von Buchungen:

– Zum einen werden die Güter und Leistungen, die zum sofortigen Verbrauch bestimmt sind, bereits beim Bezug als Verzehr betrachtet und sofort als Aufwand gebucht. Dazu zählen Aufwendungen für Büromaterial wie auch die laufenden Ausgaben der Verwal-

tung, für die Reinigung, für Briefmarken und Telefongespräche, für Reparaturen, für Strom/Gas/Wasser und ähnliche Ausgaben.
- Zum anderen werden die Fremdleistungen erst als Bestände gebucht und dann je nach Verzehr als Aufwand erfaßt. Dazu zählen Güter, die dem Unternehmen länger zur Verfügung stehen, wie zum Beispiel Gebäude, Maschinen, Geschäftseinrichtung und Kraftfahrzeuge. Außerdem werden in dieser Form Materialien behandelt, die in größeren Mengen bezogen, aber erst im Laufe von mehreren Wochen oder Monaten verbraucht werden. Auch in diesem Fall wird erst der effektive Verbrauch als Aufwand im entsprechenden Aufwandskonto erfaßt.

2.3.5 Personalaufwand

Im vorangegangenen Kapitel erfuhren wir, wie der Aufwand für Fremdleistungen erfaßt wird. Nicht erfaßt haben wir bislang die Aufwendungen für das eigene Personal. Dabei unterschieden wir verschiedene Arten von Löhnen und Gehältern. Um diese für die Kostenrechnung bereits getrennt zu erfassen, werden auch in der Buchhaltung verschiedene Konten geführt. Unser Produktionsleiter interessiert sich besonders für die ihn betreffenden Personalkosten, doch haben die anderen Bereichsleiter das gleiche Interesse. Als Lohn/Gehalt wird in den Tarifverträgen oder den Einzelverträgen der Betrag festgehalten, den das Unternehmen aufwenden muß. Dieser Betrag wird *Bruttolohn* genannt. Der Arbeitgeber ist jedoch gesetzlich verpflichtet, *Lohnsteuer* und *Sozialversicherungsbeiträge* einzubehalten. Nach Abzug dieser Beträge ergibt sich der *Nettolohn*, der dem Arbeitnehmer ausgezahlt wird. Das Unternehmen überweist Lohnsteuer und Sozialversicherungsbeiträge jeweils direkt an die entsprechenden Empfänger. Demzufolge ist der Bruttolohn vom Unternehmen als Lohnaufwand zu buchen, der Nettolohn als Auszahlung oder Überweisung an die Arbeitnehmer sowie die Abzüge als Überweisung an die entsprechenden Empfänger. Für unser Unternehmen ergeben sich für das Jahr folgende Gesamtzahlungen:

(32) Lohn-/Gehaltszahlungen brutto insgesamt 5.400.000,— DM

Davon

(32a) Fertigungslöhne	3.300.000,— DM
(32b) Fertigungshilfslöhne	160.000,— DM
(32c) Fertigungsgehälter	300.000,— DM
(32d) Gehälter für Modellabteilung	335.000,— DM
(32e) Gehälter für Materialabteilung	250.000,— DM
(32f) sonstige Gehälter	935.000,— DM
(32g) Geschäftsführergehalt	120.000,— DM

Von dem Gesamtbetrag von 5.400.000,— DM wurden an Abzügen einbehalten und überwiesen:

(32h) Sozialbeiträge	1.100.000,— DM
(32i) Lohnsteuer	1.600.000,— DM
(32k) Nettolohn-Überweisung	2.700.000,— DM

Darüber hinaus muß unser Unternehmen als Arbeitgeberanteil für Sozialversicherungen noch folgende Beträge überweisen:

(33) Arbeitgeberanteil Sozialversicherungen insgesamt 1.100.000,— DM

Davon für

(33a) Fertigungslöhne	700.000,— DM
(33b) Fertigungshilfslöhne	40.000,— DM
(33c) Fertigungsgehälter	50.000,— DM
(33d) Gehälter Modellabteilung	65.000,— DM
(33e) Gehälter Materialabteilung	50.000,— DM
(33f) sonstige Gehälter	165.000,— DM
(33g) Geschäftsführergehalt	30.000,— DM

Unser Buchhalter bucht diese Beträge auf seinen Konten wie folgt:

Soll	Bank		Haben
		2.700.000,–	(32k)
		1.600.000,–	(32i)
		1.100.000,–	(32h)
		1.100.000,–	(33)

Soll	Personalaufwand		Haben
(32a)	3.300.000,–		
(32b)	160.000,–		
(32c)	300.000,–		
(32d)	335.000,–		
(32e)	250.000,–		
(32f)	935.000,–		
(32g)	120.000,–		
(33a)	700.000,–		
(33b)	40.000,–		
(33c)	50.000,–		
(33d)	65.000,–		
(33e)	50.000,–		
(33f)	165.000,–		
(33g)	30.000,–		

Als weitere Zahlung an Mitarbeiter fallen die Provisionen für die Vertreter an. Unser Buchhalter muß auch diesen Betrag erfassen, und zwar ergibt sich als Geschäftsvorfall:

(34) Provision wird überwiesen, insgesamt   1.200.000,– DM

Die Buchung lautet:

Soll	Provision	Haben
(34)	1.200.000,–	

Soll	Bank	Haben
	1.200.000,–	(34)

Damit sind die Aufwendungen für die Mitarbeiter erfaßt. Die in unserem Beispiel auf einem Konto nach (a) (b) (c) . . . untergliederten Beträge werden häufig auf getrennten Konten gebucht. Dies erleichtert die Differenzierung für die verschiedenen Bereiche und Abteilungen. Wie wir bereits bei der Ermittlung der Kostenarten und Kostenstellen gesehen haben, benötigen unser Produktionsleiter und die übrigen Bereichsleiter eine solche Differenzierung. Für die Erfüllung der gesetzlichen Vorschriften ist sie nicht erforderlich.

2.3.6 Verkauf

Alle bislang behandelten Geschäftsvorfälle betreffen Aufwendungen, die das Unternehmen getätigt hat. Bekanntlich kann ein Unternehmen aber nicht von Aufwendungen existieren, sondern es ist das Ziel, einen Überschuß zu erwirtschaften. Dazu benötigt das Unternehmen auch Erträge aus Verkauf von Gütern oder Leistungen des Unternehmens. In unserem Fall will das Unternehmen Sakkos, Hosen, Anzüge, Freizeithosen und Freizeitjacken verkaufen. Der Verkauf erfolgt jeweils auf Rechnung, das heißt, die Ware wird versandt und gleichzeitig eine Rechnung dem Kunden zugestellt. In der Rechnung sind die Zahlungsbedingungen angegeben, nach denen die Rechnung bezahlt werden muß. Zu irgendeinem späteren Zeitpunkt wird der Kunde die Rechnung bezahlen. Der Buchhalter muß also zunächst den Verkauf der Ware sowie die dabei entstehenden Forderungen gegenüber dem Kunden erfassen. Zu einem anderen Zeitpunkt wird er beim Zahlungseingang die Zahlung buchen.

Auch bei der Lieferung an Kunden ist Mehrwertsteuer zu berechnen; auf den normalen Preis der Rechnung wird der entsprechende Mehrwertsteuersatz aufgeschlagen. Der Kunde schuldet dem Unternehmen also den Betrag für die Ware und den Betrag für die Mehrwertsteuer. Die Mehrwertsteuer hat das Unternehmen an das Finanzamt weiterzuleiten (siehe Kapitel 2.3.7).

Für unser Unternehmen ergeben sich im Laufe des Jahres folgende Verkäufe:

(35) Warenverkauf insgesamt 20.000.000,— DM

Davon

(35a) Sakkos 4.000.000,— DM

(35b) Anzüge 8.000.000,— DM

(35c) Hosen 3.000.000,— DM

(35d) Freizeitjacken 3.000.000,— DM

(35e) Freizeithosen 2.000.000,— DM

Alle Verkäufe jeweils plus 14 Prozent Mehrwertsteuer.

Von den bereits vorhandenen Forderungen in Höhe von 1.000.000,— DM und den neu entstandenen Forderungen in Höhe von 20.000.000,— DM plus 2.800.000,— DM Mehrwertsteuer wurden dann reguliert:

(36) Forderungen durch Überweisung bezahlt 20.600.000,— DM

In der Regel räumen die Unternehmen in den Zahlungsbedingungen die Möglichkeit ein, bei sofortiger Bezahlung Skonto abzuziehen. Von dieser Möglichkeit machen auch in unserem Unternehmen eine Reihe von Kunden Gebrauch. Das bedeutet für unser Unternehmen, daß das abgezogene Skonto eine Verminderung des Zahlungseingangs bedeutet, daß die Forderung in der entsprechenden Höhe aber erloschen ist. Der Bestand der Forderungen muß also um den entsprechenden Betrag vermindert werden, die entgangene Bezahlung dieser Forderung ist als Skontoaufwand zu erfassen.

Im Laufe des Jahres ergaben sich in unserem Unternehmen eine Reihe dieser Vorfälle, und zwar:

(37) Skontoaufwand insgesamt   700.000,– DM

Die entsprechenden Abzüge für die Mehrwertsteuer werden im nächsten Kapitel behandelt. Die oben genannten Vorfälle bucht unser Buchhalter auf seinen Konten wie folgt:

Soll		Umsatzerlöse		Haben
		4.000.000,–		(35a)
		8.000.000,–		(35b)
		3.000.000,–		(35c)
		3.000.000,–		(35d)
		2.000.000,–		(35e)

Soll		Forderungen		Haben
AB	1.000.000,–	20.600.000,–		(36)
(35a)	4.560.000,–	700.000,–		(37)
(35b)	9.120.000,–			
(35c)	3.420.000,–			
(35d)	3.420.000,–			
(35e)	2.280.000,–			

Soll		Umsatzsteuer		Haben
		560.000,–		(35a)
		1.120.000,–		(35b)
		420.000,–		(35c)
		420.000,–		(35d)
		280.000,–		(35e)

Soll		Bank		Haben
AB	40.000,–			
(36)	20.600.000,–			

Soll		Skontoaufwand		Haben
(37)	700.000,–			

Auf diese Weise hat unser Buchhalter seine Verkäufe und die daraus erfolgten Zahlungen in seiner Buchführung erfaßt.

2.3.7 Buchung von Steuern

Bei Steuern muß unser Buchhalter zwischen den verschiedenen Steuerarten im Hinblick auf ihre buchungsmäßige Behandlung unterscheiden. Grundsätzlich sind Steuern Geldleistungen an ein öffentlich-rechtliches Gemeinwesen (Staat, Land, Gemeinde), die keine Gegenleistung für eine besondere Leistung darstellen und allein zur Erzielung von Einnahmen auferlegt werden, bei denen der Tatbestand zutrifft, an den das Gesetz die Leistungspflicht knüpft. Für unser Unternehmen muß unterschieden werden zwischen

- Aufwandsteuern,
- Steuern von Vermögen und Ertrag und
- durchlaufende Steuer.

2.3.7.1 Durchlaufende Steuern

Bei den *durchlaufenden Steuern* übernimmt das Unternehmen eine Art Inkassofunktion für Dritte.

Eine besondere Problematik stellt dabei die *Umsatzsteuer* dar. Die Leistungen eines Unternehmens im Inland unterliegen in der Regel der Umsatzsteuer. Die Umsatzsteuer muß in der Buchhaltung erfaßt werden. Der Grundgedanke der Umsatzbesteuerung ist, daß die erbrachte *Wertschöpfung* (der Mehrwert) besteuert wird. Deshalb spricht man auch von Mehrwertsteuer. Der Mehrwert ergibt sich aus den erzielten Erlösen für eigene Leistungen abzüglich fremder Vorleistungen. Die Differenz

Verkaufserlöse − fremde Vorleistungen = Mehrwert

wird mit der Umsatzsteuer belegt. Diese Mehrwertsteuer muß der Käufer zusätzlich zum reinen Warenwert bezahlen. Da es schwierig ist, für jedes verkaufte Teil den Mehrwert zu ermitteln, schreibt das Gesetz einen anderen Weg vor. Ausgehend von der oben zitierten Grundsatzformel muß der Buchhalter sowohl die Verkaufserlöse wie auch die Vorleistungen erfassen. Da die Rechnungen für die fremden Vorleistungen und die Rechnungen für die Verkaufserlöse bereits jeweils die berechnete Mehrwertsteuer ausweisen, genügt es, die Differenz aus der Summe der jeweiligen Umsatzsteuerbeträge zu bilden. Dabei wird die von unserem Unternehmen bezahlte Umsatzsteuer für Vorleistungen Vorsteuer genannt. Die Berechnung der abzuführenden Umsatzsteuer ergibt sich dann analog zu der oben genannten Formel wie folgt:

	berechnete Umsatzsteuer (für Verkaufserlöse)
−	bezahlte Vorsteuer (für Vorleistungen)
=	abzuführende Umsatzsteuer (für Mehrwert)

Dieser Vorgang wird buchungsmäßig in der Form erfaßt, daß die Vorsteuer beim Empfang der Rechnung auf dem Vorsteuerkonto gebucht wird und die berechnete Umsatzsteuer bei Verkauf der eigenen Güter und Leistungen auf dem Konto Umsatzsteuer. Nach Ablauf bestimmter Perioden (Monat, Vierteljahr, Jahr) werden die Summen auf den Konten ermittelt, die Differenz von Umsatzsteuer und Vorsteuer errechnet und dieser Betrag als Umsatzsteuerschuld *(Zahllast)* dem Finanzamt überwiesen.

Es bleibt also festzuhalten:

> Die *Vorsteuer* ist eine Verbindlichkeit gegenüber den Lieferanten, stellt aber gleichzeitig ein Guthaben gegenüber dem Finanzamt dar, das mit der eigenen Umsatzsteuerschuld aufgerechnet werden kann.
> Die berechnete *Umsatzsteuer* ist eine Verbindlichkeit gegenüber dem Finanzamt. Der Betrag stellt gleichzeitig eine Forde-

rung an den Kunden dar. Die Differenz zwischen Vorsteuer und Umsatzsteuer als Zahllast ist die effektive Schuld gegenüber dem Finanzamt.

Unser Buchhalter hat bei den vorangegangen Buchungen die entsprechenden Beträge auf den beiden Konten Vorsteuer und Umsatzsteuer gebucht.

Zu beachten ist, daß Korrekturen bei den Warenforderungen oder Warenverbindlichkeiten, die den Forderungsbetrag oder den Verbindlichkeitsbetrag verändern, auch zur Veränderung der entsprechenden Umsatzsteuer führen. Wird zum Beispiel von unserem Unternehmen Ware an den Lieferanten zurückgeschickt, so verringert sich der Betrag der Lieferantenverbindlichkeiten um den Warenwert plus Mehrwertsteuer; in gleicher Weise verringert sich dann aber auch das Guthaben „Vorsteuer" beim Finanzamt. Bei einer Retoure mit einem Warenwert von 1.000,— DM plus 14 Prozent Mehrwertsteuer verringert sich die Lieferantenverbindlichkeit um 1.140,— DM, der Lagerbestand am Rohwarenlager um 1.000,— DM und das Vorsteuerguthaben um 140,— DM. Der Buchungssatz lautet demnach:

Lieferantenverbindlichkeiten	1.140,— DM	
an Roh-/Hilfsstoffe		1.000,— DM
Vorsteuer		140,— DM

In entsprechender Weise werden bei einer Retoure (Rücksendung) unserer Kunden die Forderungen und die Mehrwertsteuerschuld verringert.

Die Korrektur der Forderungen oder der Verbindlichkeiten kann aber auch durch andere Abzüge erfolgen. So haben wir festgestellt, daß unsere Kunden bei Bezahlung der Rechnung Skonto abziehen können und dies in erheblichem Umfang getan haben. Für unser Unternehmen beträgt, wie bereits festgestellt, der gesamte Skontoabzug im Jahr 700.000,— DM vom Warenwert. Dieser Betrag wurde bereits als Skontoaufwand gebucht (siehe Kapitel 2.3.6). Dieser Abzug kommt einer Reduzierung des Warenwertes gleich. Die Umsatzsteuer darf aber nur für den effektiv gültigen Warenwert berechnet werden. So verringert sich auch die Umsatzsteuerschuld für diese Wertminderung der verkauften Ware. Das bedeutet, daß der Kunde einen entsprechend geringeren Betrag an Umsatzsteuer an uns zahlen muß, gleichzeitig unsere Schuld gegenüber dem Finanzamt entsprechend niedriger wird. Es vermindert sich also der Betrag der Forderungen an die Kunden sowie unsere Umsatzsteuerschuld in Höhe von 14 Prozent von 700.000,– DM gleich 98.000,– DM. Der Geschäftsvorfall (37) „Abzug von Skonto" muß also ergänzt werden um

(38) Umsatzsteuerkorrektur durch Skontoabzug   98.000,– DM,

durch die sich die Umsatzsteuerschuld sowie die Forderungen um den genannten Betrag verringern.

Damit ergibt sich die Buchung:

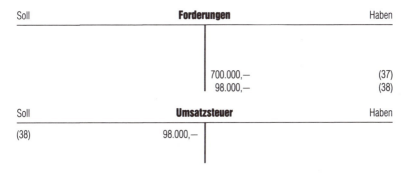

Zur Ermittlung der effektiven Steuerschuld wird nun die Summe der bezahlten Vorsteuer mit 1.444.800,– DM errechnet und von der aufgrund des Skontoabzuges korrigierten Umsatzsteuerschuld in Höhe von 2.702.000,– DM subtrahiert. Buchungsmäßig wird dies als Geschäftsvorfall erfaßt mit:

(39) Umsatzsteuer an Vorsteuer   1.444.800,– DM

In den Konten stellt sich der Vorgang wie folgt dar:

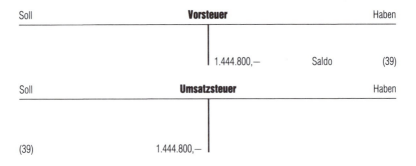

Zum Ausgleich der sich dann bei der Umsatzsteuer errechneten Schuld in Höhe von 1.257.200,— DM ergibt sich als weiterer Geschäftsvorfall:

(40) fällige Umsatzsteuer durch Scheck bezahlt   1.257.200,— DM

Auf dem Konto stellt sich dies so dar:

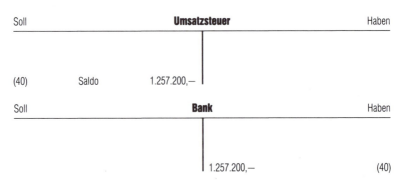

Damit ist sowohl das Vorsteuerkonto wie auch das Umsatzsteuerkonto ausgeglichen.

Als weitere durchlaufende Steuern sind die

    einbehaltene Lohn- und Kirchensteuer

zu nennen. Im Zusammenhang mit den Buchungen des Personalaufwandes wurde bereits auf die Verpflichtung des Arbeitgebers hingewiesen, die Lohn- und Kirchensteuer bei der Lohnzahlung einzubehalten und an das Finanzamt zu überweisen (siehe Kapitel 1.1.1 und 2.3.5).

2.3.7.2 Aufwandsteuern

Zu den Aufwandsteuern zählen die Gewerbesteuer, Grundsteuer für betrieblich genutzte Grundstücke, Kfz-Steuer, Wechselsteuer sowie verschiedene andere Steuern. Die Buchung dieser Steuern erfolgt als Aufwand wie jeder andere Aufwand mit dem Buchungssatz:

Steuern an Bank.

Bei den Aufwandsteuern ergibt sich somit keine nennenswerte Problematik. Auch in unserem Unternehmen sind eine Reihe von Aufwandsteuern und Gebühren entstanden, und zwar:

(41) Steuern und Gebühren insgesamt   200.000,— DM

Unser Buchhalter bucht diese Beträge wie folgt:

Soll	Steuern/Gebühren	Haben
(41)	200.000,—	

Soll	Bank	Haben
	200.000,—	(41)

2.3.7.3 Steuern vom Einkommen, Ertrag, Vermögen

Die Steuern vom Einkommen, Ertrag und Vermögen werden nach der Gewinnermittlung berechnet und gebucht. Der Unterschied zu den Aufwandsteuern besteht darin, daß diese Steuern nicht als Aufwand in der G+V erfaßt werden, sondern Bestandteil des Gewinns sind. Es muß daher zwischen Gewinn vor und Gewinn nach Steuern unterschieden werden. Je nach Rechtsform wird diese Buchung unterschiedlich erfolgen. Wenn es sich um Kapitalgesellschaften wie bei unserer GmbH handelt, erfolgt die Buchung im Rahmen der normalen Buchführung. Sofern nach den Bilanzrichtlinien für große Kapitalgesellschaften bilanziert wird, erscheinen diese Positionen in der G+V, ohne als Aufwand im eigentlichen Sinn zu gelten. Der ausgewiesene Jahresüberschuß ist dann der Gewinn nach Steuern. Handelt es sich um Personengesellschaften, ist die Steuerzahlung eine Privatangelegenheit der Gesellschafter. Die Steuerzahlungen erscheinen dann in der Regel als Privatentnahme.

2.3.8 Fremdkapitalzinsen

Bei der Problematik der kalkulatorischen Kosten hat unser Produktionsleiter auch die **kalkulatorischen Zinsen** kennengelernt. In der Buchhaltung werden nur die effektiv gezahlten Zinsen für das Fremdkapital (Schulden) erfaßt. Die Bank hat unserem Unternehmen verschiedene Darlehen gewährt und erwartet dafür die vereinbarten Zinsen als Gegenleistung. Diese werden von der Bank dem laufenden Konto belastet. Es ergibt sich somit als weiterer zu buchender Geschäftsvorfall während des Jahres zu den vereinbarten Zinsterminen:

(42) bezahlte Zinsen insgesamt 390.000,— DM

Gebucht werden diese Zinsen wie folgt:

Soll	**Zinsen**	Haben
(42) 390.000,—		

Soll	**Bank**	Haben
	390.000,—	(42)

Die kalkulatorischen Zinsen, so hat unser Produktionsleiter erfahren, stellen eine rechnerische Kostengröße dar, die nicht in voller Höhe mit einer Auszahlung verbunden ist und nicht in der Buchhaltung als Aufwand erfaßt wird (Kapitel 1.1.6.5).

2.3.9 Abschließende Buchungen

Am Jahresende bereitet unser Buchhalter den Jahresabschluß vor. Er führt die Inventur durch und vergleicht die erfaßten Beträge mit den Konten. Bei den Grundstücken und Gebäuden hat sich eine Veränderung aufgrund der Wertminderung (Abschreibung) ergeben. Bei den Maschinen und Geschäftseinrichtungen sind im Laufe des Jahres Zukäufe und Wertminderungen erfolgt, die kontenmäßig erfaßt wurden. Inventur und Konto stimmen miteinander überein. Beim Kfz-Park wurde die Wertminderung ebenfalls durch Abschreibung erfaßt. Die Inventur des Lagers Roh-/Hilfsstoffe ergibt eine Übereinstimmung mit dem Konto. Es ist also nicht zu Inventurdifferenzen aufgrund unkontrollierter Abgänge gekommen (Bestand siehe Kapitel 2.3.4). Am Fertigwarenlager und bei der Halbfertigware in der Produktion gibt es gegenüber dem Vorjahr keine Veränderungen. Der Bestand wurde wiederum mit einem Wert von 500.000,— DM ermittelt.

Bei der Überprüfung der Schulden stellt der Buchhalter fest, daß die Bank zwar die Darlehenszinsen abgebucht, die fälligen Kontokorrentzinsen für das laufende Jahr auf dem Konto aber noch nicht belastet hat. Mit dieser Belastung ist vereinbarungsgemäß in den ersten Januartagen zu rechnen. Da die Zinsen als Aufwand für das abgelaufene Jahr angefallen sind, müssen sie auch im abgelaufenen Jahr als Aufwand in der Buchhaltung erfaßt werden. Für diese Zinsen liegt von der Bank noch keine Berechnung vor. Folglich können sie auch noch nicht als Verbindlichkeiten gebucht werden. Der Buchhalter kann nur von einem selbst ermittelten Wert ausgehen. Verbindlichkeiten, die der Höhe oder/und der Fälligkeit nach nicht genau definiert werden können, werden als Rückstellungen gebucht. Dadurch kann der

Aufwand bereits im laufenden Jahr erfaßt werden. Für unser Unternehmen ergibt sich als zu buchender Geschäftsvorfall:

(43) Zinsaufwand an Rückstellungen   60.000,– DM

Nun kann unser Buchhalter sämtliche Konten abschließen. Dazu addiert er die Kontenseite mit der größeren Summe. Auf der Seite mit der kleineren Summe trägt er dann die Differenz der beiden Summen als Saldo ein, so daß die Summen beider Seiten identisch sind. Die Gegenbuchung zum Saldo erfolgt im Jahresabschluß. Der Jahresabschluß besteht aus der Gewinn- und Verlustrechnung (G + V) und der Bilanz. Die Aufwands- und Ertragskonten werden in die Gewinn- und Verlustrechnung abgeschlossen. Da der Saldo der Aufwandskonten auf der Habenseite steht, wird er in der G + V Rechnung auf der Sollseite gebucht. Umgekehrt steht der Saldo der Ertragskonten auf der Sollseite und wird in der G + V Rechnung auf der Habenseite gebucht. Die Summen der Aufwendungen und der Erträge stehen dann in der G + V Rechnung gegenüber. Die Differenz dieser beiden Summen ergibt entweder einen Gewinn oder einen Verlust. Entsprechend dem Prinzip des Kontoabschlusses wird der Gewinn auf der Aufwandseite gebucht, da er die Differenz zur größeren Ertragssumme darstellt, und der Verlust entsprechend auf der Habenseite. Dadurch ergeben auch in der G + V Rechnung beide Seiten identische Summen. Der Gewinn beziehungsweise Verlust wird dann in der Bilanz als Veränderung des Eigenkapitals gebucht. Da wir in unserem Unternehmen eine GmbH haben, bei der das Stammkapital konstant ausgewiesen wird, wird der Gewinn auf der Passivseite als Gewinnvortrag oder Rücklagen gebucht, ein Verlust würde auf der Aktivseite als Verlustvortrag erfaßt oder die Rücklagen mindern. In unserem Unternehmen erhöht sich damit der Gewinnvortrag (Rücklagen) von 300.000,– DM vom Jahresanfang auf 650.000,– DM. Damit sind wiederum beide Seiten der Bilanz gleich und die am Anfang geforderte Bilanzgleichung

Aktivseite = Passivseite

wird eingehalten.

Sämtliche im Laufe der obigen Kapitel berührten Konten weisen mit der Abschlußbuchung und der daraus entstandenen G+V Rechnung und Bilanz somit folgende Werte aus:

Soll		Grundstücke/Gebäude		Haben
AB	2.500.000,–		40.000,–	(29)
			2.460.000,–	Saldo
	2.500.000,–		2.500.000,–	

Soll		Maschinen		Haben
AB	620.000,–		320.000,–	(26)
(3a)	40.000,–			
(3b)	60.000,–		400.000,–	Saldo
	720.000,–		720.000,–	

Soll		Geschäftseinrichtung		Haben
AB	160.000,–		80.000,–	(27)
(3c)	80.000,–		160.000,–	Saldo
	240.000,–		240.000,–	

Soll		Kfz-Park		Haben
AB	80.000,–		70.000,–	(28)
			10.000,–	(Saldo)
	80.000,–		80.000,–	

Soll		Lager Roh-/Hilfsstoffe		Haben
AB	3.500.000,–		7.400.000,–	(30)
(1a)	1.600.000,–		500.000,–	(31)
(1b)	3.200.000,–			
(1c)	1.000.000,–			
(1d)	1.200.000,–			
(1e)	700.000,–			
(2)	500.000,–		3.800.000,–	Saldo
	11.700.000,–		11.700.000,–	

Soll	Lager Halbfertig-/Fertigerzeugnisse		Haben
AB	500.000,−	0,−	Lagerveränderung
		500.000,−	Inventur
	500.000,−	500.000,−	

Soll	Forderungen		Haben
AB	1.000.000,−	20.600.000,−	(36)
(35a)	4.560.000,−	700.000,−	(37)
(35b)	9.120.000,−	98.000,−	(38)
(35c)	3.420.000,−		
(35d)	3.420.000,−		
(35e)	2.280.000,−	2.402.000,−	Saldo
	23.800.000,−	23.800.000,−	

Soll	Kasse		Haben
AB	0,−	50.000,−	(16)
(9)	800.000,−	136.800,−	(21)
		22.800,−	(22)
		285.000,−	(23)
		273.600,−	(25)
		31.800,−	Saldo
	800.000,−	800.000,−	

Soll		Bank		Haben
AB	40.000,–	800.000,–		(9)
(36)	20.600.000,–	102.600,–		(10)
		125.400,–		(11)
		17.100,–		(12)
		9.800.000,–		(13)
		125.400,–		(14a)
		28.500,–		(14b)
		125.400,–		(14c)
		200.000,–		(15)
		114.000,–		(17)
		96.900,–		(18)
		22.800,–		(19)
		17.100,–		(20)
		467.400,–		(24)
		2.700.000,–		(32k)
		1.600.000,–		(32i)
		1.100.000,–		(32h)
		1.100.000,–		(33)
		1.200.000,–		(34)
		1.257.200,–		(40)
		200.000,–		(41)
Saldo	949.800,–	390.000,–		(42)
	21.589.800,–	21.589.800,–		

Das Konto *Eigenkapital* bleibt als Stammkapital unberührt und schließt daher unverändert mit 2.300.000,– DM in die Bilanz ab. Die Darlehenskonten bleiben ebenfalls unverändert.

Soll		Rücklagen		Haben
		300.000,–		AB
		350.000,–		Gewinn
Saldo	650.000,–			
	650.000,–	650.000,–		

Soll	Lieferantenverbindlichkeiten		Haben
(10)	102.600,–	1.000.000,–	AB
(11)	125.400,–	1.824.000,–	(1a)
(12)	17.100,–	3.648.000,–	(1b)
(13)	9.800.000,–	1.140.000,–	(1c)
		1.368.000,–	(1d)
		798.000,–	(1e)
		570.000,–	(2)
		45.600,–	(3a)
		68.400,–	(3b)
		91.200,–	(3c)
		17.100,–	(4)
		17.100,–	(5)
		125.400,–	(6a)
		188.100,–	(6b)
		102.600,–	(7)
Saldo	1.004.000,–	45.600,–	(8)
	11.049.100,–	11.049.100,–	

Soll	Rückstellungen		Haben
		60.000,–	(43)
Saldo	60.000,–		
	60.000,–	60.000,–	

Soll		Vorsteuer			Haben
(1a)		224.000,–			
(1b)		448.000,–			
(1c)		140.000,–			
(1d)		168.000,–			
(1e)		98.000,–			
(2)		70.000,–			
(3a)		5.600,–			
(3b)		8.400,–			
(3c)		11.200,–			
(4)		2.100,–			
(5)		2.100,–			
(6a)		15.400,–			
(6b)		23.100,–			
(7)		12.600,–			
(8)		5.600,–			
(14a)		15.400,–			
(14b)		3.500,–			
(14c)		15.400,–			
(17)		14.000,–			
(18)		11.900,–			
(19)		2.800,–			
(20)		2.100,–			
(21)		16.800,–			
(22)		2.800,–			
(23)		35.000,–			
(24)		57.400,–			
(25)		33.600,–	1.444.800,–	Saldo	(39)
		1.444.800,–	1.444.800,–		

Soll		Umsatzsteuer			Haben
(38)		98.000,–	560.000,–		(35a)
(39)		1.444.800,–	1.120.000,–		(35b)
			420.000,–		(35c)
			420.000,–		(35d)
(40)	Saldo	1.257.200,–	280.000,–		(35e)
		2.800.000,–	2.800.000,–		

165

Soll	Materialverbrauch		Haben
(30a)	1.500.000,–		
(30b)	3.000.000,–		
(30c)	1.000.000,–		
(30d)	1.200.000,–		
(30e)	700.000,–		
(31)	500.000,–	7.900.000,–	Saldo
	7.900.000,–	7.900.000,–	

Soll	Personalaufwand		Haben
(32a)	3.300.000,–		
(32b)	160.000,–		
(32c)	300.000,–		
(32d)	335.000,–		
(32e)	250.000,–		
(32f)	935.000,–		
(32g)	120.000,–		
(33a)	700.000,–		
(33b)	40.000,–		
(33c)	50.000,–		
(33d)	65.000,–		
(33e)	50.000,–		
(33f)	165.000,–		
(33g)	30.000,–	6.500.000,–	Saldo
	6.500.000,–	6.500.000,–	

Soll	Provision		Haben
(34)	1.200.000,–		
		1.200.000,–	Saldo
	1.200.000,–	1.200.000,–	

Soll	Gebäudeabschreibungen		Haben
(29a)	2.000,–		
(29b)	18.000,–		
(29c)	6.000,–		
(29d)	14.000,–	40.000,–	Saldo
	40.000,–	40.000,–	

Soll	sonstige Abschreibungen		Haben
(26b)	300.000,–		
(26d)	20.000,–		
(27b)	20.000,–		
(27d)	60.000,–		
(28)	70.000,–	470.000,–	Saldo
	470.000,–	470.000,–	

Soll	Zinsen		Haben
(42)	390.000,–		
(43)	60.000,–	450.000,–	Saldo
	450.000,–	450.000,–	

Soll	Skontoaufwand		Haben
(37)	700.000,–	700.000,–	Saldo
	700.000,–	700.000,–	

Soll	Kfz-Aufwand		Haben
(7)	90.000,–		
(8)	40.000,–	130.000,–	Saldo
	130.000,–	130.000,–	

Soll	Werbeaufwand		Haben
(6a)	110.000,–		
(6b)	165.000,–		
(14a)	110.000,–		
(14b)	25.000,–		
(14c)	110.000,–	520.000,–	Saldo
	520.000,–	520.000,–	

Soll	Postgebühren		Haben
(15)	200.000,–		
(16)	50.000,–	250.000,–	Saldo
	250.000,–	250.000,–	

Soll	Energie		Haben
(17a)	40.000,—		
(17b)	60.000,—		
(18a)	80.000,—		
(18b)	5.000,—	185.000,—	Saldo
	185.000,—	185.000,—	

Soll	Hausreparaturen		Haben
(5a)	1.000,—		
(5b)	8.000,—		
(5c)	2.000,—		
(5d)	4.000,—		
(19a)	5.500,—		
(19b)	3.500,—		
(19c)	5.000,—		
(19d)	6.000,—	35.000,—	Saldo
	35.000,—	35.000,—	

Soll	Reparaturen Anlagen/Geschäftseinrichtung		Haben
(4a)	1.500,—		
(4b)	11.500,—		
(4c)	2.000,—		
(20a)	5.000,—		
(20b)	10.000,—	30.000,—	Saldo
	30.000,—	30.000,—	

Soll	Reinigung		Haben
(22)	20.000,—		
		20.000,—	Saldo
	20.000,—	20.000,—	

Soll	Steuern/Gebühren		Haben
(41)	200.000,—		
		200.000,—	Saldo
	200.000,—	200.000,—	

Soll	Verwaltung		Haben
(21a)	20.000,–		
(21b)	10.000,–		
(21c)	25.000,–		
(21d)	65.000,–		
(23a)	25.000,–		
(23b)	50.000,–		
(23c)	25.000,–		
(23d)	150.000,–		
(24a)	30.000,–		
(24c)	35.000,–		
(24d)	345.000,–		
(25a)	10.000,–		
(25b)	40.000,–		
(25c)	15.000,–		
(25d)	175.000,–	1.020.000,–	Saldo
	1.020.000,–	1.020.000,–	

Soll	Umsatzerlöse		Haben
		4.000.000,–	(35a)
		8.000.000,–	(35b)
		3.000.000,–	(35c)
		3.000.000,–	(35d)
Saldo	20.000.000,–	2.000.000,–	(35e)
	20.000.000,–	20.000.000,–	

Soll	G + V Rechnung im Jahr B		Haben
Materialverbrauch	7.900.000,–	20.000.000,–	Umsatzerlöse
Personalaufwand	6.500.000,–		
Provision	1.200.000,–		
Gebäudeabschreibungen	40.000,–		
Sonstige Abschreibung	470.000,–		
Zinsen	450.000,–		
Skontoaufwand	700.000,–		
Kfz-Aufwand	130.000,–		
Werbeaufwand	520.000,–		
Postgebühren	250.000,–		
Energie	185.000,–		
Hausreparaturen	35.000,–		
Reparaturen Anlagen/ Geschäftseinrichtung	30.000,–		
Reinigung	20.000,–		
Steuern/Gebühren	200.000,–		
Verwaltung	1.020.000,–		
Gewinn	350.000,–		
	20.000.000,–	20.000.000,–	

Soll	Schlußbilanz im Jahr B		Haben
Grundstücke/Gebäude	2.460.000,–	2.300.000,–	Stammkapital
Maschinen	400.000,–	650.000,–	Gewinnvortrag (Rücklagen)
Geschäftseinrichtung	160.000,–	300.000,–	Gesellschafter Darlehen
Kfz-Park	10.000,–	2.500.000,–	Hypotheken-Darlehen
Lager Roh-/Hilfsstoffe	3.800.000,–	500.000,–	langfristiges Darlehen
Halb-/Fertigerzeugnisse	500.000,–	1.500.000,–	kurzfristiges Darlehen
Forderungen	2.402.000,–	1.004.000,–	Lieferantenverbindlichkeiten
Kasse	31.800,–	949.800,–	Kontokorrent Bank
		60.000,–	Rückstellungen
	9.763.800,–	9.763.800,–	

Das Schema der Gewinn- und Verlustrechnung sowie der Bilanz wird in unserem Beispiel sehr komprimiert dargestellt. In der Praxis findet unser Produktionsleiter eine weit größere Anzahl an Konten vor. Daraus resultieren auch mehr Positionen im Jahresabschluß. Darüber hinaus schreibt das Gesetz für große Kapitalgesellschaften ein Gliederungsschema vor. Dieses Schema unterscheidet sich vor allem in der Darstellung der Gewinn- und Verlustrechnung von unserer modellhaften T-Konten-Darstellung. Die G+V Rechnung ist nach der Staffelmethode aufgebaut: Zunächst werden die betrieblichen Erträge aufgeführt, und davon werden die betrieblichen Aufwendungen abgezogen. In der Aufstellung erscheinen dann die finanziellen Erträge und Aufwendungen sowie die außerordentlichen Erträge und Aufwendungen. Anschließend werden die Steuern in Abzug gebracht, so daß sich dann der Jahresüberschuß als Gewinn nach Steuern ergibt. Aktiengesellschaften bringen außerdem nach der Ermittlung des Jahresüberschusses noch die Rücklagen in Abzug, so daß abschließend der auszuschüttende Bilanzgewinn ausgewiesen wird.

2.4 Zusammenfassende Betrachtung und Ausblick

Im Abschnitt über Buchhaltung wurde dargestellt, wie unser Buchhalter sämtliche finanzwirksamen Vorfälle im Unternehmen buchhalterisch auf verschiedenen Konten erfaßt. Mit dieser Erfassung erfüllt er zunächst die dem Unternehmen auferlegte Buchführungspflicht. Gleichzeitig schafft er damit aber die Grundlagen für das gesamte Rechnungswesen. Nach dem Gesetz würde eine geringe Differenzierung der Konten genügen. Im Hinblick auf die gewünschten Steuerungsdaten werden die Konten bereits so differenziert, daß aus den Konten direkt die Zahlen für die Kostenrechnung und weitere Ergebnisrechnungen abzuleiten sind. Es schließt sich mit dem Kontenabschluß und der daraus entstehenden G+V Rechnung der Bogen zu den eingangs beschriebenen verschiedenen Arten der Kostenrechnung. Die Zahlen der G+V Rechnung und der einzelnen Aufwandsarten finden sich zunächst in der Kostenartenrechnung wieder. Da bereits bei der Erfassung des Aufwandes nach verschiedenen Kostenstellen differenziert wurde, läßt sich die Kostenartenrechnung für das gesamte Unternehmen auch leicht auf die entsprechenden Kostenstellen des Unternehmens aufteilen.

Der in Kapitel 1.2.3 beschriebene Betriebsabrechnungsbogen zeigt dies deutlich. In der ersten Spalte nach der Beschreibung der Kostenarten finden sich die Zahlen der G+V Rechnung wieder. In den weiteren Spalten der Kostenstellen wird dann die Differenzierung der Kostenartensumme auf die verschiedenen Stellen dargestellt. Somit ist die Buchhaltung zunächst erst einmal Grundlage für den Betriebsabrechnungsbogen. Aus diesem Abrechnungsbogen heraus werden die Kostenstellen noch weiter differenziert, so daß wir zu den Aussagen kommen, die unser Produktionsleiter auch für seinen Bereich wünscht. Es ist nun auch deutlich geworden, daß auch die Basis für den Kalkulationsaufbau aus den Zahlen der Buchhaltung abgeleitet wird.

Es bleibt festzustellen, daß die Buchhaltung die Zahlen für sämtliche in dem Kapitel 1 beschriebenen Kostenrechnungen liefert. Aus diesem Grund ist unser Produktionsleiter dankbar, daß er das System der Buchhaltung in seinen Grundzügen verstanden hat. Nun ist es ihm möglich, eine Aufschlüsselung weiterer Zahlen, wie er sie für seine Steuerungsinstrumente benötigt, mit dem Buchhalter zu besprechen, damit dieser bereits bei der Ersterfassung der Belege diese Zahlen so differenziert bucht, daß später eine getrennte Weiterverarbeitung der Daten möglich ist.

Die Buchhaltung liefert die Zahlenwerte nicht nur für die in Kapitel 1 beschriebenen Kostenrechnungssysteme, sondern auch für sämtliche daraus weiterentwickelte moderne Kostenrechnungssysteme (Kapitel 3). Darüber hinaus lassen sich aus diesen Zahlen eine Reihe von wichtigen Kennzahlen für die einzelnen Bereiche und für das gesamte Unternehmen ableiten (Kapitel 4).

3

Weiterentwicklung zu modernen Rechnungssystemen

In den vorangegangen Kapiteln hat unser Produktionsleiter neben der altbewährten Buchhaltung die aus der Buchhaltung weiterentwikkelten Kostenarten-, Kostenstellen- und Kostenträgerrechnungen kennengelernt. Er hat dabei festgestellt, daß unser Kostenrechner die Kosten direkt aus der Buchhaltung entnommen hat. Es handelt sich dabei also um Kosten, die tatsächlich entstanden sind. Darum werden sie *Ist-Kosten* genannt.

Bei der Behandlung dieser Ist-Kosten tauchten Probleme auf, die Herr P. nicht zufriedenstellend lösen konnte. Es sei an folgende Fragen erinnert:

- Verrechnung der nicht direkt zurechenbaren Gemeinkosten auf die Kostenstellen und Kostenträger;
- Abhängigkeit der zu verrechnenden Kosten von der jeweiligen Auslastung (Beschäftigungsgrad) mit dem Problem der Leer- und Nutzkosten;
- Frage nach der günstigsten Kostenkonstellation unabhängig von den tatsächlich entstandenen Kosten, um nicht „Schlendrian mit Schlendrian" zu vergleichen;
- Zufallserscheinungen, die bei Steuerungsinformationen nicht erkannt oder nicht eliminiert werden.

Aus diesen Problemen heraus ergeben sich weitere Überlegungen zur Kostenrechnung.

3.1 Varianten der Vollkostenrechnung

3.1.1 Normalkostenrechnung

Der erste Schritt von den reinen Istkosten zu zukunftsorientierten Kostengrößen ist die Entwicklung von *Normalkosten*.

Unter Normalkosten versteht man laut Kilger

- statistische Mittelwerte, die ermittelt werden, indem aus mehreren Istkostenwerten vergangener Perioden ein Durchschnittswert errechnet wird, der Änderungen der Kostenstruktur nicht berücksichtigt, jedoch atypische Werte eliminiert;
- oder aktualisierte Mittelwerte, die eingetretene Kostenstrukturänderungen (Verfahrenswechsel, Lohnerhöhungen) in Form korrigierender Durchschnittswerte beachten.

Ziel einer solchen Normalkostenrechnung ist es, die Kosten, vor allem die Kostensätze und Kalkulationssätze, über einen längeren Zeitpunkt unverändert beizubehalten und eine bereinigte Grundlage für Vergleiche mit dem Ist-Zustand zu haben.

Aber auch bei der Normalkostenrechnung ist zu vermerken, daß es sich um Werte der Vergangenheit handelt und daß eine echte Kostenkontrolle auch bei Verwendung aktualisierter Mittelwerte nicht möglich ist, da nicht kostenanalytische Berechnungen erfolgen und da der Beschäftigungsgrad keine Beachtung findet. Gegenüber der Istkostenrechnung bietet die Normalkostenrechnung lediglich den Vorteil, daß für bestimmte Zwecke schneller die Kostenunterlagen zur Verfügung stehen und Zufälligkeiten bei der Normalisierung eingeebnet werden.

3.1.2 Plankostenrechnung

Aus diesem Grunde wurde als modernes Kostenrechnungssystem die *Plankostenrechnung* entwickelt. Wesentliches Merkmal der Plankostenrechnung ist, daß im Gegensatz zur Istkosten- und Normalkostenrechnung die Werte nicht vergangenheitsbezogen sind, sondern sich bezüglich der Preise und Mengen im wesentlichen auf die Zukunft beziehen. Dadurch hat Herr P. die Möglichkeit, die geplanten Kosten, die sich aus Planpreis und Planmenge zusammensetzen, mit den tatsächlich angefallenen Kosten vergleichen zu können. Eine solche Soll-Ist-Analyse ist wesentlich aussagekräftiger als die bisher beschriebenen Vergleiche. Dabei ist festzustellen, daß bei der Plankostenrechnung Abweichungen beim Preis keine Berücksichtigung finden. Preisabweichungen eliminiert der Kostenrechner bei der Rechnung dadurch, daß er auch bei der Gegenüberstellung mit den Istmengen *Planpreise* einsetzt. Wir halten daher fest: Wenn in der Plankostenrechnung von Istkosten gesprochen wird, handelt es sich nicht um die tatsächlichen Istkosten, sondern um die Berechnung:

Istmenge · Planpreis = Istkosten

Unabhängig von der eigentlichen Plankostenrechnung müssen wir zur Kontrolle selbstverständlich auch die *Preisabweichungen* ermitteln. Folgende Gegenüberstellung soll dies verdeutlichen:

Istmenge · Planpreis	= Istkosten der Plankostenrechnung
− Istmenge · Istpreis	= tatsächliche Istkosten
= Istmenge · (Planpreis − Istpreis)	= Preisabweichung

Die Plankostenrechnung selbst kontrolliert die *Mengenabweichung* ausgedrückt in Geldwerten. Dabei unterscheiden wir zwischen der

– *starren Plankostenrechnung* und
– *flexiblen Plankostenrechnung*.

Die starre Plankostenrechnung berücksichtigt keine *Kostenauflösung* in fixe und proportionale Kosten. Bei den ermittelten Abweichungen kann Herr P. daher nicht feststellen, ob Abweichungen auf Veränderungen des Beschäftigungsgrades zurückzuführen sind, die in der Regel der Kostenstellenleiter nicht zu vertreten hat, oder ob es sich um echte *Verbrauchsabweichungen* handelt, die auf einen zu verantwortenden Mehr- oder Minderverbrauch zurückzuführen sind. Mit der starren Plankostenrechnung kann Herr P. also effektive Abweichungen ermitteln; das Problem der Verantwortlichkeit für die festgestellte Abweichung ist damit allerdings nicht gelöst.

Beispiel:

Plankosten bei 10.000 Fertigungsstunden	= 199.400,—
verrechnete Plankosten bei 9.000 Fertigungsstunden	
$= \frac{199.400}{10.000} \cdot 9.000$	= 179.460,—
Istkosten	= 184.700,—
Abweichung	= 5.240,—

Herr P. ist mit dieser Aussage aber nicht zufrieden und bittet den Kostenrechner um weitere Differenzierung. Dieser erläutert daraufhin die flexible Plankostenrechnung.

Im Gegensatz zur starren ist die *flexible Plankostenrechnung* dadurch gekennzeichnet, daß während der einzelnen Rechnungsperioden eine Anpassung an die jeweils eingetretene Ist-Beschäftigung erfolgt. Eine wesentliche Voraussetzung dazu ist allerdings die Auflösung der Kosten in die fixen und variablen (proportionalen) Bestandteile.

Der Kostenrechner erinnert daran, daß das Charakteristikum der fixen Kosten darin besteht, daß ihre Höhe unabhängig von Beschäftigungsschwankungen gleich bleibt. Bei proportionalen Kosten geht man davon aus, daß sich die Kosten proportional den Beschäftigungsveränderungen anpassen. Die in einer Kostenstelle anfallenden Gesamtkosten muß der Kostenrechner in ihre fixen und proportionalen Anteile auflösen. Dazu kennt die Betriebswirtschaftslehre unterschiedliche Verfahren der Kostenauflösung. Diese teilen wir ein in die

- historisch-analytischen Verfahren und
- planerisch-synthetischen Verfahren.

Die erstgenannten Verfahren versuchen, aus empirisch erhobenen Gesamtkostenwerten und dazu gehörenden Beschäftigungsgraden auf mathematischem Wege die Kostenauflösung durchzuführen. Beim planerisch-synthetischem Verfahren werden Richtwerte für die zukünftige, erwartete Entwicklung ermittelt, die natürlich auch auf Erfahrungen der Vergangenheit beruhen. Wir wollen an dieser Stelle nicht auf die verschiedenen Verfahren eingehen, sondern die Trennung von fixen und proportionalen Kosten voraussetzen (Spezialliteratur siehe Literaturverzeichnis). Davon ausgehend, baut unser Kostenrechner für jede Kostenstelle eine Kontrollrechnung auf.

Grundlage seiner Überlegung ist, daß bei einer bestimmten Beschäftigung ein vorausgeplantes Gesamtkostenvolumen als Zielgröße festgelegt wird. Für die Beschäftigung muß unser Kostenrechner eine Betriebsgröße bestimmen, durch die die Beschäftigung zum Ausdruck gebracht wird. Er erläutert dies unserem Produktionsleiter am Beispiel einer Fertigungskostenstelle. Bei dieser Kostenstelle wird die Beschäftigung durch die geleisteten Fertigungsstunden bestimmt. Für die Kostenstelle X legt der Kostenrechner 10.000 Fertigungsstunden zugrunde. Dies entspricht der Planbeschäftigung. Für diese Planbeschäftigung ermittelt der Kostenrechner die gesamten Plankosten und löst diese auf in ihre fixen und proportionalen Anteile. Sodann ermittelt er einen *Plankostenverrechnungssatz* pro Stunde für den jeweiligen fixen und proportionalen Kostenanteil. Daraus ergibt sich Tabelle 6.

Aus dieser Tabelle ermittelt unser Kostenrechner bei einer effektiven Stundenzahl von 9.000 Fertigungsstunden für die Planung die Sollkosten laut Tabelle 7 und stellt diese den Istkosten gegenüber.

Tabelle 6: Plankosten

Kostenart	Plankosten bei 10.000 Stunden Planbeschäftigung			Plankosten Verrechnungssatz/ Stunde	
	gesamt	fix	proportional	fix	proportional
Fertigungslohn	165.000	0	165.000	0	16,50
sonstige Personalkosten	14.000	10.000	4.000	1,—	0,40
Energiekosten	4.000	1.000	3.000	0,10	0,30
Abschreibungen	15.000	12.000	3.000	1,20	0,30
sonstige Verwaltung	1.400	1.000	400	0,10	0,04
Summe	199.400	24.000	175.400	2,40	17,54

Daraus folgt:

Istkosten gesamt	184.700,—
− Sollkosten gesamt	181.860,—
= Verbrauchsabweichung	2.840,—

Sollkosten	181.860,—
− verrechnete Plankosten	179.460,—
= Beschäftigungsabweichung	2.400,—

Verbrauchsabweichung	2.840,—
+ Beschäftigungsabweichung	2.400,—
= Gesamtabweichung	5.240,—

Tabelle 7: Plankostenrechnung

Kostenart	10.000 Stunden Plankosten-verrechnungssatz		9.000 Stunden verrechnete Plankosten			Sollkosten			Istkosten	Bemerkungen
	fix	proportional	fix	proportional	gesamt	fix	proportional	gesamt	gesamt	
Fertigungslohn	–	16,50	–	148.500	148.500	–	148.500	148.500	150.000	
sonstige Personalkosten	1,–	0,40	9.000	3.600	12.600	10.000	3.600	13.600	14.300	
Energiekosten	0,10	0,30	900	2.700	3.600	1.000	2.700	3.700	4.200	
sonstige Kosten	1,30	0,34	11.700	3.060	14.760	13.000	3.060	16.060	16.200	
					179.460			181.860	184.700	
									181.860	Verbrauchsabweichung
								179.460	2.840	Beschäftigungsabweichung
								2.400	2.400	
									5.240	Gesamtabweichung

oder Istkosten   184.700
   – verrechnete Plankosten 179.460
   = Gesamtabweichung   5.240

verrechnete Plankosten = Plankostenverrechnungssatz · 9.000
Sollkosten = fixe Plankosten + proportionaler Plankostenverrechnungssatz · Ist-Beschäftigung
Istkosten = Istmenge · Planpreis

Sofern eine Differenzierung der Kostenarten nicht erfolgen soll, kann auch gleich mit den Summenfaktoren gerechnet werden.

Plankostenverrechnungssatz · Stunden		= Plankosten
19,94 · 9.000		= 179.460,–
Fixkosten gesamt + (proportionaler Verrechnungssatz · Stunden)		= Sollkosten
24.000 + (17,54 · 9.000)		= 181.860,–
Istkosten gesamt		= 184.700,–

Diese Gesamtberechnung ergibt einen Überblick über die Kostenstelle. Für unseren Produktionsleiter ist es aber sicher interessanter, die Aufstellung wie Tabelle 7 mit einer Kostendifferenzierung zu bekommen, so daß er die Istkosten mit den Sollkosten pro Kostenart vergleichen kann. Die Differenz zwischen den Istkosten und Sollkosten pro Kostenart zeigt ihm die Verbrauchsabweichung pro Kostenart.

Die Beschäftigungsabweichung pro Kostenart ist für unseren Produktionsleiter weniger wichtig, da er für die Beschäftigung nicht verantwortlich zeichnet, es sei denn, er hat selbst Beschäftigungsveränderungen zu verantworten.

In unserem oben genannten Beispiel haben wir die Fertigungsstunden als Bezugsgröße gewählt. In einem Unternehmen mit einer Ein-Produkt-Fertigung pro Kostenstelle ist auch die Mengeneinheit der Produktion als Bezugsgröße geeignet. In einem solchen Fall können auch die Materialkosten in einer solchen Plankostenrechnung Berücksichtigung finden.

Da die Bezugsgröße ein Ausdruck für den Umfang der Beschäftigung sein muß, ist die Wahl der Bezugsgröße von zentraler Bedeutung. Nicht zuletzt deshalb bietet sich die Plankostenrechnung besonders für Fertigungskostenstellen an, da in diesen Stellen eine solche Bezugsgröße noch relativ leicht zu definieren ist. In den übrigen Kostenstellen, wie zum Beispiel im Vertrieb oder der Verwaltung, stößt die

Wahl einer Bezugsgröße auf erheblich größere Schwierigkeiten. Auch wird in diesen Kostenstellen der Anteil der proportionalen Kosten, die zu einer Bezugsgröße in Beziehung stehen, recht gering sein, so daß sich der Rechenaufwand einer Plankostenrechnung für derartige Kostenstellen kaum lohnt. In diesen Kostenstellen wird man sich mit der Planung der Sollkosten als feste Größe beschränken und diese den Istkosten gegenüberstellen.

Die obige Berechnung der Verbrauchs- und Beschäftigungsabweichungen läßt sich wie in Abbildung 6 graphisch darstellen.

Es sei auch darauf hingewiesen, daß bei einer höheren Beschäftigung als geplant bei den verrechneten Plankosten mehr fixe Kosten als notwendige verrechnet werden. So entsteht bei der Gleichung

Sollkosten − verrechnete Plankosten = Beschäftigungsabweichung

eine negative Beschäftigungsabweichung, die mit einer Überdeckung identisch ist.

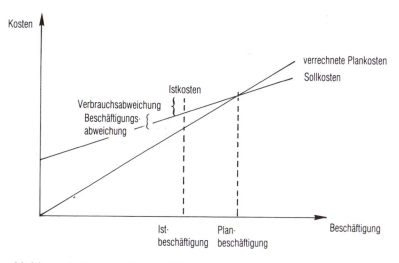

Abbildung 6: Verbrauchs- und Beschäftigungsentwicklungen

3.2 Teilkostenrechnung

Im vorangegangen Kapitel haben wir Überlegungen angestellt, wie unser Produktionsleiter die Gesamtkosten seines Bereichs besser kontrollieren und die Fertigung damit wirtschaftlicher steuern kann. Dabei haben wir erkannt, daß die Verbrauchsabweichungen der besonderen Aufmerksamkeit des Produktionsleiters bedürfen, da er diese beeinflussen kann und dafür voll verantwortlich ist. Die Sollkosten enthalten dabei als Bestandteil auch fixe Kosten, die unabhängig von den Beschäftigungsschwankungen aus dem „Plankostenansatz für die Planbeschäftigung" übernommen werden. Für die Fixkosten genügt daher zur Kontrolle ein Vergleich des Plankostenansatzes mit den Istkosten.

3.2.1 Die Teilkostenrechnung als Steuerungsinstrument

3.2.1.1 Grenzplankostenrechnung

Zur Kontrolle der Verbrauchsabweichungen reicht es daher, wenn unser Kostenrechner die Flexibilisierung der Kosten auf die proportionalen Kosten (einen Teil der Gesamtkosten = *Teilkosten*) beschränkt. Damit kann er die Plankostenrechnung auf die Spalten der proportionalen Kosten reduzieren und stellt die in Tabelle 8 gezeigte Kostenrechnung für unseren Produktionsleiter auf.

Tabelle 8: Grenzplankostenrechnung

Kostenart	proportionale Plankosten	Verrechnungssatz	Sollkosten	Istkosten	Abweichung
Fertigungslohn	165.000,–	16,50	148.500,–	150.000,–	1.500,–
sonstige Personalkosten	4.000,–	0,40	3.600,–	4.300,–	700,–
Energiekosten	3.000,–	0,30	2.700,–	3.200,–	500,–
sonstige Kosten	3.400,–	0,34	3.060,–	3.200,–	140,–
			157.860,–	160.700,–	2.840,–

Wir haben somit die Plankostenrechnung mit Vollkosten reduziert auf eine Plankostenrechnung der proportionalen Kosten, genannt *Grenzplankostenrechnung.* Der Name hat seinen Ursprung im Begriff der *Grenzkosten.* Darunter verstehen wir in der Kostentheorie die Mehrkosten, die bei einer Erhöhung der Produktionsmenge für die letzte Produktionseinheit entstanden sind. Da bei den angenommenen proportionalen Kosten jedes zusätzliche Stück die gleichen zusätzlichen Kosten verursacht, sind die proportionalen Kosten pro Stück mit den Grenzkosten identisch.

Mit dem Instrument der Grenzplankostenrechnung kann unser Produktionsleiter also einen Soll-Ist-Vergleich seiner Kostenentwicklung für die proportionalen Kosten durchführen.

3.2.1.2 Deckungsbeitragsrechnung mit proportionalen Kosten

Unser Produktionsleiter weiß aber auch, daß es nicht genügt, die Sollkosten nicht zu überschreiten. Wichtig ist vor allem, daß die Kosten durch die Erlöse gedeckt werden. Es stellt sich für ihn wie für alle Führungskräfte des Unternehmens die Frage, welche Kosten durch die Erlöse gedeckt werden und welche Produkte daran besonders mitgewirkt haben.

Wir haben bereits festgestellt, daß wir im Bereich einen Block Fixkosten haben, mit denen die Betriebsbereitschaft auf einem festgelegten Niveau erhalten wird. Bei der Aufnahme der Produktion entstehen für jede weitere Leistungseinheit weitere Kosten, die Grenzkosten oder proportionalen Kosten. Werden durch die Erlöse nur diese Grenzkosten/proportionalen Kosten gedeckt, bleiben die Fixkosten ungedeckt. Werden durch die Erlöse der produzierten Leistungseinheiten aber nicht nur deren Grenzkosten gedeckt, sondern bleibt darüber hinaus noch ein Erlösteil übrig, so trägt dieser zur Deckung der Fixkosten bei. Diesen Erlösanteil nennen wir daher *Deckungsbeitrag.* Ist die Summe aller Deckungsbeiträge der verschiedensten Leistungseinheiten gleich der Summe aller Fixkosten, ist Vollkostendeckung erreicht. Zusätzliche Deckungsbeiträge ergeben dann den Gewinn. Rechnerisch sieht diese Überlegung wie folgt aus:

Erlöse
− proportionale Kosten
= Deckungsbeitrag
− fixe Kosten
= Gewinn

Diese Art der Rechnung nennen wir Grenzkostenrechnung (auch *Direct Costing, Marginal Costing*) oder *Deckungsbeitragsrechnung mit proportionalen Kosten*.

Für unser Unternehmen stellt sich die Rechnung zahlenmäßig folgendermaßen dar:

Erlöse	20.000.000,− DM
− Skonto Abzüge	700.000,− DM
− Provision	1.200.000,− DM
− Materialverbrauch	7.400.000,− DM
− Fertigungslöhne	4.000.000,− DM
= Deckungsbeitrag	6.700.000,− DM
− Fixkosten	6.350.000,− DM
= Gewinn	350.000,− DM

Für die Bereichsabgrenzung wird diese Kostenrechnung jedoch erst interessant, wenn eine Erweiterung der obigen Grundformel zur stufenweisen Fixkostendeckung *(Fixkostendeckungsrechnung)* erfolgt. Dabei werden die fixen Kosten der einzelnen Gruppen, Abteilungen und Bereiche bis zum Gesamtunternehmen schrittweise gedeckt. Unser Kostenrechner stellt unserem Produktionsleiter dafür Tabelle 9 zusammen.

Aus dieser Aufstellung erkennt unser Produktionsleiter, daß die Produktgruppe „Anzüge" mit 2.740.000,— DM den höchsten Deckungsbeitrag erwirtschaftet, gefolgt von der Gruppe „Sakkos" und „Hosen".

Die Abteilung „klassische Bekleidung" (Sakkos, Anzug, Hose) insgesamt erwirtschaftet mehr als drei Viertel des gesamten Deckungsbeitrages. Das allein sagt aber noch nichts über die tatsächliche Ertragskraft dieser Abteilung aus. Immerhin werden auch drei Viertel des gesamten Umsatzes von dieser Abteilung produziert.

Tabelle 9: Deckungsbeitragsrechnung mit proportionalen Kosten

Kostenart	Anzüge	Sakkos	Hosen	Freizeit-jacken	Freizeit-hosen
Umsatzerlöse	8.000.000,—	4.000.000,—	3.000.000,—	3.000.000,—	2.000.000,—
Skontoaufwand	280.000,—	140.000,—	105.000,—	105.000,—	70.000,—
Provision	480.000,—	240.000,—	180.000,—	180.000,—	120.000,—
Materialverbrauch	3.000.000,—	1.500.000,—	1.000.000,—	1.200.000,—	700.000,—
Fertigungslöhne	1.500.000,—	700.000,—	600.000,—	800.000,—	400.000,—
Deckungsbeitrag I	2.740.000,—	1.420.000,—	1.115.000,—	715.000,—	710.000,—
Gruppensumme DB I		5.275.000,—			1.425.000,—
Gruppen-Fixkosten		491.000,—			216.000,—
Deckungsbeitrag II/Gruppe		4.784.000,—			1.209.000,—
Deckungsbeitrag II Summe			5.993.000,—		
restliche Fertigungs-Fixkosten			424.000,—		
Deckungsbeitrag III			5.569.000,—		
Modellabteilung			996.000,—		
Deckungsbeitrag IV			4.573.000,—		
Materialabteilung-Fixkosten			432.000,—		
Deckungsbeitrag V			4.141.000,—		
Verwaltung/Vertrieb (ohne Skonto und Provision)			3.791.000,—		
Gewinn			350.000,—		

Interessanter für unseren Produktionsleiter und für den Vertriebsleiter ist zum Beispiel die Frage, wieviel Deckungsbeitrag mit einer Fertigungsstunde in den einzelnen Produktgruppen erwirtschaftet wird. Dazu macht der Kostenrechner den Führungskräften nachstehende Rechnung auf:

	Anzüge	Sakkos	Hosen	Freizeitjacken	Freizeithosen
geleistete Fertigungsstunden	55.000	26.000	22.000	30.000	15.000
Deckungsbeitrag	2.740.000,—	1.420.000,—	1.115.000,—	715.000,—	710.000,—
Deckungsbeitrag/Stunde	49,82	54,62	50,68	23,83	47,33

Nun wird deutlich, daß der pro Fertigungsstunde erwirtschaftete Deckungsbeitrag bei der Produktgruppe „Sakkos" am höchsten, bei der „Hose" am zweithöchsten und bei den „Freizeitjacken" mit Abstand am niedrigsten ist. Die Führungskräfte können daraus allerdings noch nichts über die Ursachen erkennen. Der Unterschied kann an einem ungünstigen Marktpreis für Freizeitjacken liegen; ein zu hoher Materialverbrauch kann der Grund sein, aber auch eine unrationelle Arbeitsweise. Im letzteren Fall ist unser Produktionsleiter gefordert.

Der Unterschied kann aber auch seine Ursachen darin haben, daß bei der Produktion der klassischen Kleidung wesentlich mehr arbeitssparende Maschinen eingesetzt sind, deren Fixkosten erst noch durch den Deckungsbeitrag gedeckt werden müssen. Es kann außerdem sein, daß beim klassischen Bereich aufgrund stärkerer Marktaktivitäten (zum Beispiel Werbung) mit entsprechenden Fixkosten bessere Marktpreise zu erzielen sind.

3.2.1.3 Deckungsbeitragsrechnung mit relativen Einzelkosten

Wir sehen, daß es erforderlich ist, aus dem Bereich der Fixkosten auch diejenigen Kosten den Produktgruppen zuzurechnen, die diesen direkt zugerechnet werden können. Unser Kostenrechner zieht in einer weiteren Rechnung daher nicht die proportionalen Kosten, sondern die Einzelkosten von den Erlösen ab. Dabei beinhalten die Einzelkosten sowohl die proportionalen Kosten der Leistungseinheit wie auch die fixen Kosten, die er der Leistungseinheit beziehungsweise Produktgruppe direkt zurechnen kann. Aus dem verbleibenden Deckungsbeitrag müssen dann die Gemeinkosten gedeckt werden. Damit ergibt sich eine andere Art der Ermittlung des Deckungsbeitrages, nämlich:

$$\frac{\begin{array}{l}\text{Erlöse}\\ -\text{ Einzelkosten}\end{array}}{\begin{array}{l}=\text{ Deckungsbeitrag}\\ -\text{ Gemeinkosten}\end{array}}$$
$$=\text{ Gewinn}$$

Diese Art der Deckungsbeitragsrechnung nennen wir *Deckungsbeitragsrechnung mit relativen Einzelkosten.* Relative Einzelkosten deshalb, weil die Einzelkosten durch die Bezugsgröße, auf die sich die Einzelkosten beziehen, bestimmt werden. So können neben einzelnen Produkten auch Produktgruppen, Kundenaufträge, bestimmte Vorgänge (Werbeaktionen), räumliche oder organisatorische Einheiten die Bezugsgröße sein. Durch eine entsprechende Gliederung ist es dem Kostenrechner möglich, alle Kosten als Einzelkosten zuzuordnen. Eine solche Gliederung nennen wir *Bezugsgrößenhierarchie.*

Für unser Unternehmen hat unser Kostenrechner die in Abbildung 7 dargestellte Bezugsgrößenhierarchie entwickelt.

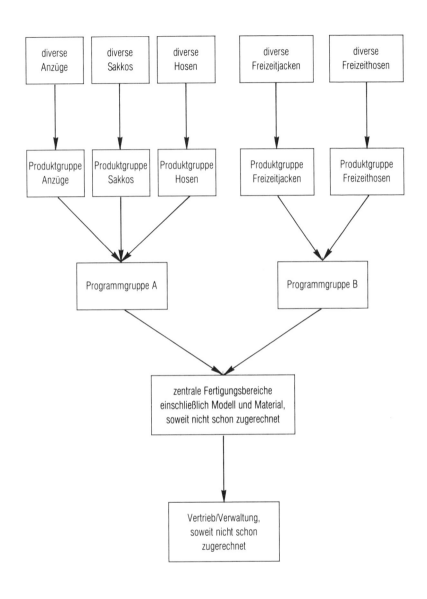

Abbildung 7: Bezugsgrößenhierarchie mit den entsprechenden Einzelkosten

Tabelle 10: Deckungsbeitragsrechnung mit relativen Einzelkosten

Produktgruppe	Anzüge	Sakkos	Hosen	Freizeit-jacken	Freizeit-hosen
Erlöse	8.000.000,–	4.000.000,–	3.000.000,–	3.000.000,–	2.000.000,–
Einzelkosten					
Skonto	280.000,–	140.000,–	105.000,–	105.000,–	70.000,–
Provision	480.000,–	240.000,–	180.000,–	180.000,–	120.000,–
Materialverbrauch	3.000.000,–	1.500.000,–	1.000.000,–	1.200.000,–	700.000,–
Fertigungslöhne	1.500.000,–	700.000,–	600.000,–	800.000,–	400.000,–
Spezialmaschinen	5.000,–		45.000,–	15.000,–	5.000,–
Reparaturen	500,–		9.500,–	4.000,–	2.000,–
Energie	500,–		1.500,–	500,–	500,–
Deckungsbeitrag 1	2.734.000,–	1.420.000,–	1.059.000,–	695.500,–	702.500,–

Deckungsbeitrag 1 Teilsummen	5.213.000,–	1.398.000,–
Programmgruppen-Einzelkosten		
zurechenbare Fertigungskosten	429.000,–	189.000,–
zurechenbare Modellabteilungskosten	500.000,–	260.000,–
zurechenbare Werbungskosten	250.000,–	120.000,–
Deckungsbeitrag 2	4.034.000,–	829.000,–

Deckungsbeitrag 2 Summe	4.863.000,–
verbleibende Fertigungsgemeinkosten	424.000,–
verbleibende Modellabteilungskosten	236.000,–
Materialgemeinkosten	432.000,–
Deckungsbeitrag 3	3.771.000,–
verbleibende Werbungskosten	150.000,–
verbleibende Verwaltungs-/Vertriebskosten	3.271.000,–
Gewinn	350.000,–

Daraus kann er dann die Deckungsbeiträge über die einzelnen Stufen der Bezugsgrößenhierarchie hinweg bis zum Gewinn entwickeln (Tabelle 10).

Jetzt ist es möglich, die einzelnen Produktgruppen und Programmarten unter Berücksichtigung der darauf entfallenen Einzelkosten zu beurteilen. Die Aufstellung des Deckungsbeitrages pro Fertigungsstunde für die Produktgruppen zeigt nun folgendes Bild:

	Anzüge	Sakkos	Hosen	Freizeit-jacken	Freizeit-hosen
Fertigungsstunden	55.000	26.000	22.000	30.000	15.000
Deckungsbeitrag	2.734.000,–	1.420.000,–	1.059.000,–	695.500,–	702.500,–
Deckungsbeitrag/Stunde	49,71	54,62	48,14	23,18	46,83

Nun sehen wir, daß sich der Abstand zwischen dem Deckungsbeitrag der klassischen Hose und dem Deckungsbeitrag der Freizeithose deutlich verringert hat, da jetzt der unterschiedliche Einsatz der Spezialmaschinen berücksichtigt wird. Des weiteren zeigt sich, daß unter Berücksichtigung der Kosten der Spezialmaschinen die Anzüge einen höheren Deckungsbeitrag pro Stunde erbringen als die Hosen.

Wir können also festhalten, daß die Deckungsbeiträge insbesondere dann, wenn man den erwirtschafteten Deckungsbeitrag einer Stufe zu einer Basisgröße in Beziehung setzt, einen aussagekräftigen Hinweis auf die Ertragskraft der jeweiligen Leistungseinheit gibt. Diesen Deckungsbeitrag nennen wir den *relativen Deckungsbeitrag* im Gegensatz zur absoluten Größe der Gesamtsumme. Als Basisgröße für den relativen Deckungsbeitrag können auch andere Größen als die Fertigungsstunden genommen werden. Bei einheitlicher Produktion kann die produzierte Stückzahl statt der Fertigungsstunden angesetzt werden. So ist zum Beispiel ein unterschiedlicher relativer Deckungsbeitrag pro Hektoliter bei unterschiedlichen Biersorten möglich. In der Landwirtschaft wird der Deckungsbeitrag pro Hektar Landfläche bei unterschiedlicher Bewirtschaftung ermittelt. Es kann aber auch einen Engpaß im Unternehmen geben, auf dessen Einheit die Deckungsbeiträge der unterschiedlichen Produkte bezogen werden. Es ist dann ratsam, zunächst die Produkte zu bevorzugen, bei denen der Deckungsbeitrag pro Engpaß-Einheit am höchsten ist, da dann mit diesem Engpaß in der Gesamtsumme der höchste Deckungsbeitrag erwirtschaftet wird. Solche Engpässe kann es auch in unserem Betrieb an verschiedensten Stellen geben, wie zum Beispiel in der Bügelei, an bestimmten Spezialmaschinen, aber auch im finanziellen Bereich, wie zum Beispiel bei der Kapitalbindung. Wir können also festhalten, daß der relative Deckungsbeitrag eine Aussage ist, die nicht nur den Produktionsleiter interessiert, sondern auch bei der Programmzusammenstellung des Angebots für den Vertriebsleiter oder die Unternehmensleitung interessant ist. Es würde zu weit führen, wollten wir im Rahmen dieser Einführung alle Möglichkeiten des Einsatzes der Deckungsbeitragsrechnung besprechen. Dazu sei auf die vielfältige Literatur verwiesen.

3.2.2 Die Teilkostenrechnung als Kostenträgerrechnung

Herr P. hat bislang den Deckungsbeitrag als Kontroll- und Steuerungsgröße kennengelernt. Aber auch bei der Kostenträgerrechnung kommt der Deckungsbeitragsrechnung eine bedeutende Rolle zu. Unser Produktionsleiter hat schon bei der Entwicklung der Zuschlagskalkulation festgestellt, daß nur ein Teil der Kosten dem Kostenträger zugerechnet werden kann (Einzelkosten). Die Zurechnung der verbleibenden Gemeinkosten aus den einzelnen Bereichen zu dem jeweiligen Kostenträger erfolgt nach Durchschnittswerten. Herr P. hat sich bereits die Frage gestellt, ob diese Art der Zurechnung in unserem Betrieb vertretbar ist. Ist es tatsächlich so, daß bei einer Hose die Fertigungsgemeinkosten im gleichen Verhältnis zu den Löhnen anfallen wie bei einem Sakko? Ist es nicht so, daß der Produktionsleiter sich zum Beispiel kaum um die Hosenproduktion kümmern muß, weil dies eine Produktion ohne wesentliche Schwierigkeiten ist, wohingegen er den größten Teil seiner Zeit auf die Steuerung der Sakkoproduktion verwendet? Ist nicht ein Produkt mit geringen Fertigungslöhnen, aber schwierig zu verarbeitendem Material problematischer als ein Produkt, das zwar einen hohen Lohnanteil hat, aber aus einem leicht zu verarbeitendem Material hergestellt wird? Verursacht das problematisch zu fertigende Produkt nicht wesentlich mehr Fertigungsgemeinkosten bei der Arbeitsvorbereitung und den Führungskräften? Es ist also durchaus zweifelhaft, ob der Fertigungslohn die richtige Basis für die Verteilung der Fertigungsgemeinkosten ist.

Die gleichen Überlegungen stellt der Bereichsleiter der Materialwirtschaft für seinen Bereich an. Mit welcher Berechtigung sollen hochwertige Materialien, deren Kontrolle und Einlagerung den gleichen Arbeitsumfang verursachen wie billige Materialien, einen höheren Kostenanteil tragen? Verfolgt man die Zuschlagskalkulation unter Einbeziehung der weiteren Positionen der Verwaltungs- und Vertriebskosten, so bedeuten höhere Löhne und hochwertige Materialien gleichzeitig höhere Verwaltungs- und Vertriebskosten. Der darauf angesprochene Kostenrechner kann diese Bedenken nur bestätigen und verweist darauf, daß eine Reihe von Betrieben von der Zuschlagskalkulation der in Kapitel 1.3.2.1 beschriebenen Form bereits abgegangen sind. Solche Unternehmen rechnen in der Kostenträgerrechnung nach dem Prinzip der Teilkostenrechnung dem Kostenträger nur den Teil der Kosten zu, der dem Kostenträger auch wirklich verursachungsgerecht zuzuordnen ist oder der bei der Ausführung eines entsprechenden Auftrages zusätzlich entsteht.

Vereinfacht stellt sich die Überlegung in der Form dar, daß unser Unternehmen nur die Einzelkosten oder die proportionalen Kosten (Grenzkosten) eines Auftrages und den Marktpreis definitiv ermitteln kann. Für die in Kapitel 1.3.2.1 nach der Zuschlagskalkulation kalkulierten Kostenträger Hose und Sakko ergeben sich dabei folgende Rechnungen:

Kostenart	Hose	Sakko
Fertigungslöhne	14,40	39,15
Fertigungsmaterial	26,70	60,—
Skonto (3,5% vom Marktpreis)	2,28	6,48
Provision (6% vom Marktpreis)	3,90	10,14
Einzelkosten gesamt	47,28	115,77
Marktpreis	65,—	185,—
Deckungsbeitrag	17,72	69,23

Der so errechnete Betrag ist uns als Deckungsbeitrag bekannt, in diesem Fall allerdings pro Stück. Proportionale Kosten und Einzelkosten sind in diesem Fall identisch. Die Spezialmaschinen für die Hosen können wir beim einzelnen Stück noch nicht berücksichtigen, sondern erst bei der Produktgruppe, wie es auch dort geschehen ist (Kapitel 3.2.1.3).

Von besonderer Bedeutung ist diese Überlegung, wenn ein Auftrag zur Debatte steht, dessen Preis nicht der Vollkostenkalkulation entspricht. Wenn es noch freie Kapazitäten gibt, stellt sich für den verantwortlichen Vertriebsleiter die Frage, ob er einen solchen Auftrag annehmen soll.

Gehen wir einmal von einem Beispiel aus:

Für die mehrfach zitierte Hose wurde mit der Zuschlagskalkulation ein Vollkosten-Preis von 72,29 DM errechnet. Abzüglich des kalkulierten Gewinns ergeben sich noch Selbstkosten in Höhe von 70,85 DM. Ein Abnehmer ist bei der Abnahme von 300 Stück bereit, für diese Hose 50,— DM zu zahlen. Die zusätzliche Produktionskapazität steht zur Verfügung. Soll der Vertriebsleiter den Auftrag annehmen?

Machen wir einmal folgende Rechnung auf:

Zusätzlich entstehenden Einzelkosten für die Hose sind:

Fertigungslohn	14,40 DM · 300	= 4.320,— DM
Material	26,70 DM · 300	= 8.010,— DM
Provision	3,— DM · 300	= 900,— DM
(6% von 50,— DM)		
Skonto lt. Kondition	1,75 DM · 300	= 525,— DM
(3,5% von 50,— DM)		
Einzelkosten gesamt		13.755,— DM
Auftragssumme		15.000,— DM
Deckungsbeitrag		1.245,— DM

Auch in dieser Rechnung sind Einzelkosten und proportionale Kosten identisch. Sollte allerdings für den Auftrag ein Spezialwerkzeug notwendig sein, wäre das in der Kalkulation noch zu berücksichtigen.

Diese 1.245,— DM verbleiben dem Unternehmen zusätzlich. Die Frage lautet also, Verzicht auf diese 1.245,— DM oder nicht? Und damit steht die Antwort aus der Sicht des Kostenrechners fest. Der Vertriebsleiter muß allerdings berücksichtigen, daß ein solcher zusätzlicher Unterpreisverkauf Signalwirkung haben und zu weiteren Preissenkungen führen kann. Auch können sich sonstige nachteilige Folgen von Kundenseite ergeben wie Verärgerung anderer Kunden, Forderung nach Sonderangeboten, spätere Nachaufträge bei Vollauslastung der Kapazität, um nur einige Beispiele zu nennen. Akzeptiert der Vertriebsleiter den Auftrag trotz solcher Bedenken, stehen dem Unternehmen also 1.245,— DM zusätzlich zur Deckung der Gemeinkosten zur Verfügung.

Es bleibt aber grundsätzlich festzuhalten, daß mit der Teilkostenrechnung kein Anhaltspunkt dafür errechnet wird, wie hoch der Verkaufspreis bei Vollkostenrechnung sein müßte. Ein solches Kalkulationsverfahren kann daher nur angewandt werden, wenn durch eine kurzfristige Betriebsergebniskontrolle sichergestellt ist, daß in der Summe genügend Deckungsbeiträge erwirtschaftet werden, um sämtliche Kosten zu decken.

3.3 Die Erfolgsbeitragsrechnung

3.3.1 Aufgabe und Ziel

Unser Produktionsleiter hat festgestellt, daß wesentlich für den Erfolg des Unternehmens der erwirtschaftete Deckungsbeitrag ist. Der Deckungsbeitrag stellt sich ihm also als eine sehr wichtige Steuerungsgröße dar. Er fragt daher den Kostenrechner, ob es möglich ist, die Deckungsbeiträge seines Bereichs den Kosten seines Bereichs gegenüberzustellen, damit er selbst einmal einen Eindruck davon bekommt, ob sein Bereich mit oder ohne Erfolg gewirtschaftet hat. Konkret lautet für ihn daher die Frage: Wieviel von dem erwirtschafteten Ertrag steht seinem Bereich zu und deckt dieser ihm zustehende Ertragsanteil auch die bei ihm entstandenen Kosten? Der Kostenrechner zeigt Verständnis für seine Frage und erläutert ihm die Erfolgsbeitragsrechnung, die dieses Problem löst und insbesondere für mittlere Unternehmen entwickelt wurde.

Der Grundgedanke der Erfolgsbeitragsrechnung ist, daß die aus den Zahlen der Buchhaltung abgeleitete Feststellung

betriebliche Erträge
- betriebliche Aufwendungen
= betrieblicher Erfolg (Betriebsergebnis)

auf die Erfolgsrechnung eines Bereichs übertragen wird. Dabei sind die betrieblichen Aufwendungen gegebenenfalls durch kalkulatorische Positionen zu ergänzen, so daß sich in entsprechender Definition für die Bereiche ergibt:

(betriebliche) Erträge des Bereichs
-            Kosten des Bereichs
= (betrieblicher) Erfolg des Bereichs,

wobei der Erfolg, wie bereits bekannt, positiv oder negativ sein kann. Das Hauptproblem, so schildert der Kostenrechner unserem Herrn P., ist dabei, daß beide Erfolgsbestandteile, nämlich die anfallenden Kosten und die entsprechenden Ertragsanteile des jeweiligen Bereichs, verursachungsgerecht und entstehungsgerecht zugeordnet werden müssen.

Die verursachungsgerechte Zuordnung der Kosten zu den Kostenstellen haben wir bereits mehrfach erwähnt. In der Erfolgsbeitragsrechnung wird der Grundsatz aufgestellt, daß jede Art von Kosten auf

Aktivitäten zurückzuführen ist. Diese Aktivitäten werden durch Entscheidungen veranlaßt, diese Entscheidungen werden von einer verantwortlichen Person getroffen. Entsprechend dieser Kausalkette werden die aus den Aktivitäten entstehenden Kosten dem Verantwortungsbereich zugeordnet, dem die entsprechende Person als Verantwortungsträger vorsteht. Für unseren Produktionsleiter heißt das, daß seine Entscheidungen, die in irgendeiner Form Kosten nach sich ziehen, kostenmäßig von ihm zu verantworten sind. Dazu gehören auch Entscheidungen in seinem Bereich, die in einem Gremium oder zusammen mit der Geschäftsführung gefällt werden, bei denen der Produktionsleiter in seiner Kompetenz maßgeblich zur Entscheidungsbildung beigetragen hat und diese mitträgt. So kann es durchaus möglich sein, daß er für die Anschaffung einer Maschine die Zustimmung der Geschäftsleitung benötigt. Die Kosten der Maschine werden ihm zugerechnet, da er diese sein Arbeitsgebiet betreffende Entscheidung gefordert und mitgetragen hat. Durch diese Konsequenz, keine Aktivität ohne entsprechende Entscheidung, keine Entscheidung ohne eine verantwortliche Person, können ganze Aktivitätenkomplexe bei den einzelnen Führungskräften zusammengefaßt werden. Der Verantwortungsbereich einer Führungskraft ist somit die Summe der Aktivitäten, für die diese Führungskraft die Entscheidung fällt.

In mittleren Betrieben wird es demzufolge je nach Umfang der Delegation solcher Entscheidungsbefugnisse nicht mehr als fünf bis sieben, höchstens zehn entsprechende Abrechnungsbereiche geben.

Derartige Aktivitäten verursachen nicht nur Kosten, sondern haben auch gleichzeitig Auswirkungen auf den Ertrag. Beide Ergebnisse müssen wir daher dem verantwortlichen Bereichsleiter zurechnen, sowohl die Kosten wie auch den von ihm geleisteten Beitrag zum Unternehmensertrag. Zu dem Gesamtertrag eines Unternehmens tragen alle Verantwortlichen bei. Wäre irgendein Bereich, oder Teile dieses Bereichs, für die Erbringung der Gesamtleistung des Unternehmens nicht erforderlich, könnte auf diesen Teilbereich verzichtet werden. Auch die sogenannten „unproduktiven Abteilungen" tragen mit ihrer Arbeit zur Gesamtleistung des Unternehmens bei. Während bei den Kosten noch ein direkter Zusammenhang mit der Entscheidung festzustellen ist, ist dies beim Anteil an der Gesamtleistung selten erkennbar. Trotzdem muß zunächst festgehalten werden, daß jedem Bereich bei der *Erfolgsbeitragsrechnung* ein *Ertragsanteil* vom Gesamtertrag zusteht. Der Ertragsanteil eines Bereichs besteht aus dem Teilbetrag, der zur Deckung der *Leistungseinzelkosten* dient, sowie dem Teilbetrag, der zur Deckung der übrigen dem Bereich direkt zurechenbaren Kosten – genannt *Bereichseinzelkosten* – geplant wird. Dieser Ertragsanteil eines Bereichs wird den Kosten des Bereichs gegenübergestellt, die Differenz zwischen beiden Größen ergibt den *Erfolgsbeitrag* des Bereichs. Zu erwähnen ist außerdem, daß die Ertragsberechnung nicht unter buchhalterischen Gesichtspunkten erfolgt, sondern Liquiditätsüberlegungen mit in die Definition des Ertrages einbezieht. Diese Unterschiede sollen hier aber nicht weiter verfolgt werden, sondern bleiben der Spezialliteratur vorbehalten, da sie nur in Unternehmen mit schwankenden Lagerbeständen oder hohen Forderungen von Bedeutung sind.

3.3.2 Grundsätzliche Aussagen zur Vorgehensweise

Zunächst erläutert unser Kostenrechner dem Produktionsleiter die grundsätzliche Vorgehensweise: In Unternehmen wie dem unsrigen, in denen die Produkte einzeln kalkuliert werden, nehmen wir die Kalkulation als Grundlage. In einer **Vorkalkulation** – besser *Plankalkulation* – planen wir die einzelnen Ertragsanteile für ein Produkt. Die Summe aller Ertragsanteile ergibt dann den *Planpreis,* der am Markt gefordert werden soll. Wenn die Erlöse dem Planpreis entsprechen, können wir die geplanten Ertragsanteile auf die einzelnen Bereiche verteilen. Wenn aber Planpreis und Marktpreis voneinander abweichen, müssen wir Korrekturen durchführen. In der Praxis stellt man sich dabei häufig auf den Standpunkt, daß für die Preisgestaltung am Markt zunächst der Absatzbereich verantwortlich ist und demzufolge Abstriche wie auch Mehrerlöse gegenüber dem Planpreis beim Ertragsanteil des Absatzbereichs berücksichtigt werden. Das gleiche können wir auch für den Bereich Unternehmensleitung sagen, falls diesem die Preishoheit zusteht. Andererseits müssen wir aber auch erkennen, daß alle Bereiche gefordert sind, wenn bei verschärften Wettbewerbsbedingungen der Planpreis nicht erreicht werden kann. Demzufolge müssen auch die übrigen Bereiche Reduzierungen an ihrem Ertragsanteil hinnehmen.

Nicht reduzieren dürfen wir dagegen die Ertragsanteile, die zur Deckung der Leistungseinzelkosten geplant sind. Wenn der Gesamtertrag für ein Produkt so niedrig ist, daß nicht einmal die Leistungseinzelkosten gedeckt werden können, ist es für das Unternehmen besser, einen solchen Auftrag nicht anzunehmen. Hier trifft genau das zu, was wir bei der Kostenträgerrechnung mit Hilfe der Deckungsbeitragsrechnung schon hinsichtlich der proportionalen Kosten gesagt haben. Sollte trotzdem aus geschäftspolitischen Überlegungen heraus eine solche Entscheidung notwendig werden, wird dies immer eine Entscheidung der Unternehmensleitung sein. Die daraus entstehenden Verluste müssen wir dann auch konsequenterweise dem Bereich Unternehmensleitung zuordnen, und nicht dem Bereich, in dem die Leistungseinzelkosten entstehen.

Wenn wir auf diese Weise die Ertragsanteile für die einzelnen Bereiche in einer Plankalkultion festgelegt haben, ergibt sich der Ertragsanteil eines Bereichs beim Verkauf des Produktes als Ergebnis der Multiplikation „Verkaufsmenge mal erzielter Ertragsanteil".

Im Gegensatz zur Zuschlagskalkulation setzt der Planer oder Kalkulator in einer solchen Plankalkulation die Ertragsanteile der einzelnen Bereiche als absolute Zahlen ein. Diese absoluten Zahlen orientieren sich an der optimalen Kostenstruktur des Bereichs (nicht identisch mit der effektiven). Optimale Kostenstruktur heißt, daß die Kosten aufgrund einer objektiven Kostenanalyse ermittelt werden, damit nicht derjenige den größten Kostenanteil und damit den höchsten Ertragsanteil zugerechnet bekommt, der am unrationellsten arbeitet. Darüber hinaus können wir auch die Tragfähigkeit eines Produktes in die Ermittlung dieser absoluten Zahlen einbeziehen. Die Kalkulation mit der Tragfähigkeit haben wir bereits bei der Kuppelproduktion kennengelernt.

Um die absoluten Zahlen für den Ertragsanteil eines Produktes ermitteln zu können, ist es unbedingte Voraussetzung, daß eine Planbeschäftigung in Form einer geplanten Absatzmenge pro Produktgruppe vorliegt. Dann ist es möglich, ausgehend von den geplanten, zur Kostendeckung notwendigen Ertragsanteilen der einzelnen Bereiche die anteiligen Ertragsanteile der einzelnen Produkte zu errechnen. Daraus ergibt sich, daß die Erfolgsbeitragsrechnung ohne eine konsequente Planung nicht möglich ist.

3.3.3 Die Planung der Einzeldaten

Wir wollen diese Überlegungen für unser Unternehmen einmal an den vorhandenen Zahlen nachvollziehen. Damit wir auch eine Beziehung zur Ist-Situation haben, legen wir der Planung die Zahlen des abgelaufenen Jahres B zugrunde. Wer für die jeweiligen Werte als Planer verantwortlich zeichnet, ergibt sich aus der Organisation des Unternehmens. In unserem Unternehmen sind dies im ersten Schritt die jeweiligen Bereichsleiter, die Koordinierung wird dann unter Federführung der Unternehmensleitung mit den Bereichsleitern und der Mitarbeit des Kostenrechners durchgeführt.

3.3.3.1 Die Leistungsmengenplanung

Zu Beginn einer Planung plant der Absatzleiter die gesamte Leistungsmenge. Als Informationsquellen dienen ihm die Angaben des Außendienstes, die eigenen Erwartungen und als dritte Quelle eventuell noch die mathematischen Trendberechnungen aus Vergangenheitswerten. Wenn ihm Zahlenwerte dieser drei Quellen vorliegen, kann er aus ihnen die wahrscheinlichsten Werte ableiten. Dabei muß er allerdings Sonderentwicklungen und neue Maßnahmen, die ihm bekannt sind, wie Neuentwicklungen, Werbekampagnen und Trendbrüche, in seine Überlegungen einbeziehen. Natürlich müssen bei dieser *Leistungsplanung* auch die vorhandenen Kapazitäten berücksichtigt werden.

Bei der Leistungsmengenplanung unterteilt er in unserem Unternehmen die Absatzmengen der einzelnen Produktgruppen in zwei bis drei Preisklassen. Als Ergebnis liegen folgende Werte vor:

Anzüge	Preisklasse 1 (A 1)	10.000 Stück
Anzüge	Preisklasse 2 (A 2)	10.000 Stück
Anzüge	Preisklasse 3 (A 3)	5.000 Stück
Sakkos	Preisklasse 1 (S 1)	12.000 Stück
Sakkos	Preisklasse 2 (S 2)	8.000 Stück
Hosen	Preisklasse 1 (H 1)	17.000 Stück
Hosen	Preisklasse 2 (H 2)	13.000 Stück
Hosen	Preisklasse 3 (H 3)	5.000 Stück
Freizeitjacken	Preisklasse 1 (FJ 1)	20.000 Stück
Freizeitjacken	Preisklasse 2 (FJ 2)	10.000 Stück
Freizeithosen	Preisklasse 1 (FH 1)	15.000 Stück
Freizeithosen	Preisklasse 2 (FH 2)	15.000 Stück

Aus der Absatzmenge kann der Produktionsleiter dann mit Durchschnittswerten die Produktionsleistung ausgedrückt in Fertigungsminuten ableiten. Die Materialwirtschaft errechnet daraus als erste Planungsgrundlage die zu beschaffenden und lagernden Meter Stoff. Das ergibt folgende Daten:

Produktgruppe	Fertigungsminuten	Meter
A 1	1.400.000	35.000
A 2	1.300.000	35.000
A 3	600.000	17.500
S 1	1.100.000	24.000
S 2	700.000	16.000
H 1	600.000	25.500
H 2	450.000	19.500
H 3	150.000	7.500
FJ 1	1.300.000	40.000
FJ 2	500.000	20.000
FH 1	500.000	22.500
FH 2	400.000	22.500
	9.000.000	

3.3.3.2 Entwicklung der Plansätze

Aus dieser Leistungsmengenplanung leiten die zuständigen Planer sowohl die geplanten Ertragsanteile für die Bereiche wie auch die *Einsatzmengen* für die Kostenplanung ab. Die daraus zu entwickelnde Kostenplanung entspricht den uns schon bekannten Vorgehensweisen.

Die Bestimmung der Ertragsanteile wollen wir in den einzelnen Schritten für unser Unternehmen verfolgen. Die Ertragsanteile zur Deckung der Leistungseinzelkosten werden in gleicher Weise errechnet, wie die Kalkulationspositionen der Leistungseinzelkosten in den bekannten Kalkulationen anhand der erwarteten Verbrauche ermittelt werden.

Problematischer ist die Bestimmung der Ertragsanteile zur Deckung der Bereichseinzelkosten. Zunächst muß eine *Belastungsanalyse* gemacht werden, um festzustellen, wie stark die einzelnen Bereiche durch die Produktgruppen zeitlich belastet werden. Unser Produktionsleiter stellt durch Arbeitsuntersuchungen fest, inwieweit sein

Bereich und seine Kostenstellen durch die einzelnen Produktgruppen in Anspruch genommen werden. Neben den beiden Produktgruppen A und B kennen wir bereits aus der Kostenstellenrechnung die Kostenstelle „Arbeitsvorbereitung (AV)". Die restlichen Kosten erfaßt unser Produktionsleiter bekanntlich unter dem Begriff „Produktionsleitung und Allgemeines". Die Belastung der AV und der Produktionsleitung kann allerdings nur im Durchschnitt ermittelt werden. Übergroße Genauigkeit ist dabei auch nicht erforderlich, da sie das Ergebnis nur geringfügig beeinflußt. Am besten eignet sich in den meisten Fällen die Methode der *Selbstaufschreibung*. Dabei listet die jeweilige Führungskraft im Laufe einiger Tage die Arbeiten ihres Bereichs (ohne Fertigungszeiten) mit Zeitangaben selbst auf und ordnet sie der Produktgruppe zu. Dabei ermittelt Herr P. die in Tabelle 11 notierten Werte.

Tabelle 11: Zeitliche Inanspruchnahme in Prozent

Kostenstelle \ Produktgruppe	Anzug	Sakko	Hose	Freizeitjacke	Freizeithose	Gesamt
A	50	30	20	–	–	100
B	–	–	–	60	40	100
AV	35	25	10	20	10	100
Produktionsleitung	30	40	10	15	5	100

Entsprechend der so ermittelten Belastung durch die Produktgruppen werden die geplanten Bereichseinzelkosten den einzelnen Produktgruppen anteilsmäßig zugerechnet. Ergänzend dazu setzt der Produktionsleiter die aufgeteilten Bereichseinzelkosten zu den geplanten Fertigungsminuten oder Stückzahlen in Beziehung. Somit ergibt sich die Aufstellung in Tabelle 12.

Tabelle 12: Geplante Bereichseinzelkosten in der Fertigung

Stelle	Gesamt	Anzüge	Sakkos	Hosen	Freizeit-jacken	Freizeit-hosen
A	500.000,–	250.000,–	150.000,–	100.000,–	–	–
B	200.000,–	–	–	–	120.000,–	80.000,–
AV	210.000,–	74.000,–	52.000,–	21.000,–	42.000,–	21.000,–
PL	190.000,–	57.000,–	76.000,–	19.000,–	29.000,–	9.000,–
Summe	1.100.000,–	381.000,–	278.000,–	140.000,–	191.000,–	110.000,–
geplante Fertigungsminuten	3.300.000	1.800.000	1.200.000	1.800.000	900.000	
geplante Stückzahl		25.000	20.000	35.000	30.000	30.000
geplante DM/Minute		0,115	0,154	0,117	0,106	0,122
geplante DM/Stück		15,24	13,90	4,–	6,37	3,67

Damit sind die geplanten Bereichseinzelkosten der Fertigung anteilig den Produktgruppen als Summe zugerechnet sowie in *Plansätze* pro Stück oder pro Minute umgerechnet. Da in der Produktion in der Gesamtheit der zur Verfügung stehenden Fertigungsminuten die Bereichseinzelkosten erwirtschaftet werden müssen, können die Bereichseinzelkosten in der Plankalkulation auch zu den Fertigungsminuten in Beziehung gesetzt werden. Damit soll nicht gesagt werden, daß sie proportional davon abhängig sind, sondern es handelt sich bei den Plansätzen für die Ertragsanteile um ähnliche Überlegungen wie bei den Verrechnungssätzen für fixe Kosten bei der Plankostenrechnung. Über- und Unterbeschäftigung führen zur Über- oder Unterdeckung bei den Bereichseinzelkosten. In entsprechender Weise werden für die anderen Verantwortungsbereiche die Belastungsfaktoren durch Ist-Aufnahme ermittelt (Tabelle 13).

Tabelle 13: Belastungsfaktoren

Bereich \ Produktgruppe	Anzug	Sakko	Hose	Freizeit-jacke	Freizeit-hose
Modellabteilung	0,3	0,3	0,1	0,2	0,1
Materialwirtschaft	0,2	0,3	0,1	0,3	0,1
Vertrieb	0,4	0,3	0,1	0,1	0,1
Verwaltung Unternehmensleitung	0,3	0,3	0,1	0,2	0,1

Diese Belastungsfaktoren werden nun in gleicher Weise zu den geplanten Bereichseinzelkosten in Beziehung gesetzt (Tabelle 14).

Tabelle 14: Geplante Bereichseinzelkosten im Unternehmen

	Gesamt	Anzug	Sakko	Hose	Freizeit-jacke	Freizeit-hose
Modellabteilung	1.000.000	300.000	300.000	100.000	200.000	100.000
Materialwirtschaft	420.000	84.000	126.000	42.000	126.000	42.000
Vertrieb	1.100.000	440.000	330.000	110.000	110.000	110.000
Verwaltung Unternehmens-leitung	1.300.000	390.000	390.000	130.000	260.000	130.000
geplante Stück		25.000	20.000	35.000	30.000	30.000
geplante Meter		87.500	40.000	52.500	60.000	45.000

Die Plansätze für die Bereichseinzelkosten können nun wiederum pro Stück berechnet werden. Für die Materialwirtschaft kann als Basisgröße auch die geplante Menge Stoff in Metern genommen werden, so daß sich ein Plansatz pro Meter Stoff ergibt. Da die Arbeit in der Materialwirtschaft weitgehend mengenabhängig von der Metrage ist, empfiehlt sich für unseren Betrieb diese Vorgehensweise. Auf dieser Grundlage ergibt sich Tabelle 15.

Tabelle 15: Plansätze Bereichseinzelkosten

Bereich	Anzug	Sakko	Hose	Freizeit-jacke	Freizeit-hose
Modellabteilung pro Stück	12,—	15,—	2,86	6,67	3,33
Materialwirtschaft pro Meter	0,96	3,15	0,80	2,10	0,93
Fertigung pro Minute	0,115	0,154	0,117	0,106	0,122
Vertrieb pro Stück	17,60	16,50	3,14	3,67	3,67
Verwaltung/Unter-nehmensleitung pro Stück	15,60	19,50	3,71	8,67	4,33

Wenn bei den Produktgruppen die Plansätze der Bereichseinzelkosten pro Einheit sehr unterschiedlich sind und nicht im gleichen Verhältnis zueinander stehen wie die Preise oder Fertigungsminuten, so zeigt das, daß problematische Artikel (modische Ausführung, Vielfalt, geringe Auflage) im Verhältnis pro Stück oder pro Fertigungsminute höhere Belastungen verursachen, auch wenn der Preis am Markt relativ niedriger ist.

Das zeigt, daß die Tragfähigkeit der Produktgruppen, aber auch in den Produktgruppen zwischen den verschiedenen Preisgruppen unterschiedlich ist. Wir müssen daher die Sätze noch hinsichtlich der Tragfähigkeit seitens des Marktes variieren. Wir gehen dabei davon aus, daß die preisliche Tragfähigkeit am Markt je nach Ausführung unterschiedlich ist. Wir bilden daher für die Preisgruppen unterschiedliche *Tragfähigkeitsfaktoren* (Tabelle 16).

Tabelle 16: Tragfähigkeitsfaktoren

Produktgruppe \ Preisgruppe	1	2	3
Anzüge	1,2	1,1	1,0
Sakkos	1,3	1,1	–
Hosen	1,0	0,9	0,8
Freizeitjacken	0,8	0,6	–
Freizeithosen	0,8	0,7	–

Mit diesen Faktoren werden die Plansätze multipliziert. Das Ergebnis ist dann der Wert, der in die Plankalkulation als Ertragsanteil eingesetzt werden muß. Tabelle 17 zeigt die Basisgrößen „Plansatz" und „Stückzahl" für die einzelnen Bereiche und Produktgruppen. Wie die Übersicht zeigt, wird bei den Produktgruppen Hosen, Freizeitjacken und Freizeithosen schon bei der Planung davon ausgegangen, daß die Produkte die ihnen in der Vollkostenkalkulation zuzurechnenden Plansätze nicht tragen können. Entsprechend den Überlegungen, die wir schon von der Deckungsbeitragsrechnung kennen, ist es trotzdem ratsam, diese Produkte im Angebot zu halten, da sie über die Leistungseinzelkosten hinaus weitere Ertragsanteile zur Deckung der Bereichseinzelkosten erwirtschaften. Es ist nach realistischer Einschätzung der Verhältnisse in einem Betrieb auch nicht davon auszugehen, daß bei einem Verzicht auf eine Produktgruppe die auf sie entfallenden Kosten gänzlich entfallen, da auf eine Grundausstattung der Bereiche nicht verzichtet werden kann, auch wenn die zeitliche Inanspruchnahme nicht mehr voll gegeben ist.

Da wir bei den Produkten mit dem Tragfähigkeitsfaktor kleiner 1 auf einen Teil der notwendigen Plansatzhöhe schon in der Plankalkulation verzichten, muß sichergestellt sein, daß andere Produkte diese Unterdeckung auffangen. Dies wird durch die Produkte, die eine Tragfähigkeit größer 1 haben (wie in unserem Fall bei den Anzügen und Sakkos), erreicht.

Zur Kontrolle läßt die Unternehmensleitung eine Aufstellung machen, in der die gesamten Stückzahlen/Fertigungsminuten/Meter mit den entsprechenden Plansätzen multipliziert werden. Daraus ergibt sich die Summe aller geplanten Erfolgsbeiträge pro Bereich (ohne Anteil der Leistungseinzelkosten). Dem werden die geplanten Bereichseinzelkosten gegenübergestellt. Daraus errechnet sich als Differenz der Erfolgsbeitrag des Bereichs als positiver oder negativer Betrag. Wenn die Summe der Erfolgsbeiträge positiv ist, in unserem Fall + 19.610,— DM, ist die Gesamtkostendeckung erreicht. Die ermittelten Werte können der Kalkulation zugrunde gelegt werden. Für unser Unternehmen ergibt sich die Aufstellung entsprechend Tabelle 18. Die Zahlen zeigen uns, daß in den Bereichen Modellabteilung, Materialwirtschaft und Verwaltung eine Unterdeckung entsteht, die durch die Bereiche Fertigung und Vertrieb aufgefangen wird. Dies ist aber bereits ein Hinweis für die Bereichsleiter, daß die betroffenen Bereichsleiter vermehrte Anstrengungen unternehmen müssen, um das Bereichsergebnis positiv zu gestalten. Es ist aber festzuhalten, daß bereits in der Zielsetzung bei den entsprechenden Bereichen von einem Negativwert ausgegangen wird und das Bereichsziel erreicht ist, wenn dieser Negativwert nicht größer als geplant wird.

Tabelle 17: Basisgrößen für Ertragsanteile

Produktgruppen	Modellabteilung		Materialwirtschaft		Fertigung		Vertrieb		Verwaltung/ Unternehmensleitung	
	Basis Stück	Plansatz DM	Basis Meter	Plansatz DM	Basis Minuten	Plansatz DM	Basis Stück	Plansatz DM	Basis Stück	Plansatz DM
A 1	10.000	14,40	35.000	1,15	1.400.000	0,138	10.000	21,12	10.000	18,72
A 2	10.000	13,20	35.000	1,06	1.300.000	0,127	10.000	19,36	10.000	17,16
A 3	5.000	12,–	17.500	0,96	600.000	0,115	5.000	17,60	5.000	15,60
S 1	12.000	16,50	24.000	3,47	1.100.000	0,200	12.000	18,15	12.000	21,45
S 2	8.000	15,–	16.000	3,15	700.000	0,169	8.000	16,50	8.000	19,50
H 1	17.000	2,86	25.500	0,80	600.000	0,117	17.000	3,14	17.000	3,71
H 2	13.000	2,57	19.500	0,72	450.000	0,105	13.000	2,83	13.000	3,34
H 3	5.000	2,29	7.500	0,64	150.000	0,094	5.000	2,51	5.000	2,97
FJ 1	20.000	5,34	40.000	1,68	1.300.000	0,085	20.000	2,94	20.000	6,94
FJ 2	10.000	4,–	20.000	1,26	500.000	0,064	10.000	2,20	10.000	5,20
FH 1	15.000	2,66	22.500	0,75	500.000	0,098	15.000	2,94	15.000	3,46
FH 2	15.000	2,33	22.500	0,65	400.000	0,086	15.000	2,57	15.000	3,03

Tabelle 18: Erfolgsbeitragsplanung

Produkt-gruppe	Modell-abteilung	Material-wirtschaft	Fertigung	Vertrieb	Verwaltung/ Unterneh-mensleitung
A 1	144.000,–	40.250,–	193.200,–	211.200,–	187.200,–
A 2	132.000,–	37.100,–	165.100,–	193.600,–	171.600,–
A 3	60.000,–	16.800,–	69.000,–	176.000,–	78.000,–
S 1	198.000,–	83.280,–	220.000,–	217.800,–	257.400,–
S 2	120.000,–	50.400,–	118.300,–	132.000,–	156.000.–
H 1	48.620,–	20.400,–	70.200,–	53.380,–	63.070,–
H 2	33.410,–	14.040,–	47.250,–	36.790,–	43.420,–
H 3	11.450,–	4.800,–	14.100,–	12.550,–	14.850,–
FJ 1	106.800,–	67.200,–	110.500,–	58.800,–	138.800,–
FJ 2	40.000,–	25.200,–	32.000,–	22.000,–	52.000,–
FH 1	39.900,–	16.875,–	49.000,–	44.100,–	51.900,–
FH 2	34.950,–	14.625,–	34.400,–	38.550,–	45.450,–
Gesamt Ertragsteile	969.130,–	390.970,–	1.123.050,–	1.196.770,–	1.259.690,–
geplante Bereichs-einzelkosten	1.000.000,–	420.000,–	1.100.000,–	1.100.000,–	1.300.000,–
geplanter Erfolgs-beitrag	–30.870,–	–29.030,–	+ 23.050,–	+ 96.770,–	– 40.310,–
Unterneh-men gesamt			+ 19.610,–		

3.3.3.3 Ermittlung der Ertragsanteile durch Plankalkulation

Für unsere bereits in den vorigen Kapiteln mehrfach kalkulierten Artikeln Hose und Sakko ergeben sich dann die Kalkulationen entsprechend Tabelle 19a und b. Diese Plankalkulationen weisen aus, wieviel Ertragsanteile den einzelnen Bereichen zustehen.

Bei der Hose ergibt sich ein sehr günstiger Marktpreis. Da – wie eingangs schon beschrieben – der Vertrieb zunächst für Mehr- oder Mindererlöse verantwortlich zeichnet, werden diese Abweichungen vom Planpreis bis ± 5 Prozent vom Marktpreis dem Vertrieb zuge-

(Fortsetzung Seite 211)

Tabelle 19a: Plankalkulation Hose

Plankalkulation	**Artikel: Hose 345**		**Preisgruppe: H 3**	
Leistungseinzelkosten				
mengenabhängig				
Material				
1,5 m à 16,— DM 24,00				
Zutaten 2,70				
Fertigungslohn				
32 Minuten à 0,45 DM 14,40				
gesamt 41,10			41,40	41,40
mengenunabhängig				
Materialwirtschaft ………				
Modellabteilung ………				
Fertigung ………				
Vertrieb ………				
gesamt ………			………	

Bereichseinzelkosten	Plansatz	Mehrertrag	Erfolgsbeitrag		
Modellabteilung	2,29	+ 0,15	2,44		
Materialwirtschaft	0,96	+ 0,07	1,03		
Fertigung	3,—	+ 0,20	3,20		
Vertrieb	2,51	+ 3,42	5,93		
Verwaltung/Unternehmensleitung	2,97	+ 0,20	3,17		
gesamt	11,73	4,04	15,77	11,73	15,77

Zwischensumme =	87,5 % vom Planpreis		52,83	56,87
Provision =	6 % vom Planpreis		3,62	3,90
Skonto =	3 % vom Planpreis		1,81	1,95
Gewinn =	3,5 % vom Planpreis		2,11	2,28
Planpreis			60,37	65,00
Marktpreis		65,00		
− Provision/Skonto		5,85		
− Leistungseinzelkosten		41,10		
− Plangewinn		2,28		
Ertragsanteile Bereiche		15,77		
− geplante Ertragsanteile		11,73		
Über/Unterdeckung		+ 4,04		
± 5 % vom Marktpreis für Vertrieb		3,25		
auf Bereiche aufschlüsseln		0,79		

Tabelle 19b: Plankalkulation Sakko

Plankalkulation	Artikel: Sakko 765		Preisgruppe: S 2	
Leistungseinzelkosten				
mengenabhängig				
Material				
2 m à 25,– DM	50,00			
Zutaten	10,00			
Fertigungslohn				
87 Minuten à 0,45 DM	39,15			
gesamt	99,15		99,15	99,15
mengenunabhängig				
Materialwirtschaft	....			
Modellabteilung	....			
Fertigung	....			
Vertrieb	....			
gesamt	....		....	

Bereichseinzelkosten					
	Plansatz	Minderertrag	Erfolgsbeitrag		
Modellabteilung	15,00		15,00		
Materialwirtschaft	6,30		6,30		
Fertigung	14,70		14,70		
Vertrieb	16,50	– 6,50	10,00		
Verwaltung/Unternehmensleitung	19,50		19,50		
gesamt	72,00	– 6,50	65,50	72,00	65,50

Zwischensumme =	89 % vom Planpreis		171,15	164,65
Provision =	6 % vom Planpreis		11,54	11,10
Skonto =	3 % vom Planpreis		5,77	5,55
Gewinn =	2 % vom Planpreis		3,85	3,70
Planpreis			192,31	185,00

Marktpreis	185,00
– Provision/Skonto	16,65
– Leistungseinzelkosten	99,15
– Plangewinn	3,70
Ertragsanteile Bereiche	65,50
– geplante Ertragsanteile	72,00
Über/Unterdeckung	– 6,50
± 5 % vom Marktpreis für Vertrieb	9,25
auf Bereiche aufschlüsseln	–

rechnet. Im Fall der Hose sind das 3,25 DM, die vom Mehrerlös dem Vertrieb zustehen. Der noch darüber hinaus gehende Betrag wird dann auf alle Bereiche einschließlich Vertrieb anteilsmäßig verteilt. Als anteilsmäßig wird hier die prozentuale Zusammensetzung der Plansätze angesehen.

Beim Sakko zeigt sich eine Unterdeckung. Auch in diesem Fall werden bis zu 5 Prozent vom Marktpreis dem Vertrieb angelastet. Da die Unterdeckung mit 6,50 DM den Grenzwert 9,25 DM nicht erreicht, geht die Unterdeckung voll zu Lasten des Vertriebs. Die übrigen Bereiche bekommen den Plansatz.

3.3.3.4 Vereinfachtes Verfahren zur Ertragsanteilsermittlung

Neben dem beschriebenen Verfahren zur Ermittlung der Ertragsanteile der Bereiche kennen wir noch das vereinfachte Verfahren der Ermittlung der Ertragsanteile durch Schlüsselung. Während wir bei dem oben geschilderten Verfahren von geplanten Ertragsanteilen ausgegangen sind, ist es häufig nicht wirtschaftlich, für jedes Produkt eine solche detaillierte Plankalkulation durchzuführen. Dies trifft insbesondere bei Massengütern mit einem geringen Eigenwert und bekannten Marktpreisen zu. In solchen Fällen gehen wir von den Marktpreisen aus, reduzieren diese um die ermittelten Leistungseinzelkosten und bekommen so den verbleibenden Restertrag – der in der Regel mit dem Deckungsbeitrag dieses Produkts identisch ist. Dieser Restertrag steht als Ertragsanteil für die gesamten Bereiche und deren Bereichseinzelkosten zur Verfügung. Er muß daher in die einzelnen Ertragsanteile für die Bereiche aufgeteilt werden. Der einfachste Weg ist, hierfür eine von allen Beteiligten akzeptierte Schlüsselung zugrunde zu legen. Diese Schlüsselung kann für unterschiedliche Produktgruppen durchaus unterschiedlich sein, je nachdem, wie sich die unterschiedliche Belastung ergibt. Wichtig ist allerdings, daß alle Bereichsleiter mit dieser Schlüsselung und diesem Verteilungsverfahren einverstanden sind.

3.3.3.5 Planung und Kontrolle des Erfolgsbeitrages

Entsprechend den verkauften Stückzahlen werden die Ertragsanteile den Bereichen gutgeschrieben. Die Summe aller einem Bereich gutgeschriebenen Ertragsanteile ergibt dann den Betrag, der dem Bereich zur Deckung seiner Kosten zur Verfügung steht. Der Bereichsleiter wird nun periodenweise, möglichst monatlich, eine Aufstellung seiner Kosten in Verbindung mit seinem gutgeschriebenen Ertragsanteil bekommen (Tabelle 20). Unser Produktionsleiter kann nun daraus ersehen, ob die erwirtschafteten Ertragsanteile seine Kosten decken und darüber hinaus noch einen Erfolgsbeitrag für das Unternehmen ermöglichen. Es ist seine Aufgabe, das geplante Ziel des Erfolgsbeitrages zu erreichen, unabhängig davon, wie sich die Ertragsanteile und die einzelnen Kostenpositionen entwickeln. Dies ist seiner persönlichen Disposition überlassen. Aus der Dezemberabrechnung des abgelaufenen Jahres sieht unser Produktionsleiter, daß das Planungsziel – ein Erfolgsbeitrag von + 2.000,– DM – nicht erreicht wurde. Es ergibt sich vielmehr eine Unterdeckung von 4.900,– DM. Diese ist insbesondere auf eine Produktionsstörung zurückzuführen, die sich durch Schwierigkeiten bei der Materialanlieferung ergab. Auch der über das gesamte Jahr kumulierte Wert ergibt eine Unterdeckung von 21.000,– DM statt des geplanten Erfolgsbeitrages von 23.000,– DM.

Die Gesamtplanung sah vor:

geplanter Gewinn 2 % von 20 Millionen =	400.000,– DM
geplanter Erfolgsbeitrag	19.610,– DM
Gesamtgewinn	419.610,– DM
effektiver Gewinn	350.000,– DM
Planunterschreitung	−69,610,– DM
davon Unterdeckung Fertigung	44.000,– DM
Unterdeckung übrige Bereiche	25.610,– DM

Tabelle 20: Erfolgsbeitragsermittlung

Erfolgsbeitragsermittlung	Bereich: Fertigung	Monat: Dezember	
Kostenart	**Plan**	**Ist**	**Bemerkungen**
Leistungseinzelkosten			
Fertigungslöhne	350.000,–	352.000,–	
....	0,–	0,–	Produktions-
			störung wegen
Summe	350.000,–	352.000,–	verzögerter
anteilige Ertragsanteile	350.000,–	349.000,–	Material-
			anlieferung
Über-/Unterdeckung	0	– 3.000,–	
Bereichseinzelkosten			
			Ausgleich
Hilfsarbeiter	16.000,–	16.700,–	Produktions-
Gehälter	30.000,–	30.000,–	störung
Strom	6.000,–	6.300,–	
Gas/Wasser	2.500,–	3.000,–	
Abschreibung Gebäude	1.500,–	1.500,–	
Abschreibung Maschinen	25.000,–	25.000,–	
Abschreibung Geschäftseinrichtung	1.500,–	1.660,–	nicht geplante
Reparaturen Gebäude	1.800,–	2.000,–	Neuanschaffung
Reparaturen Anlagen	1.000,–	1.540,–	
laufende Geschäftskosten	600,–	500,–	
sonstige Verwaltungskosten	3.100,–	4.000,–	
Gesamt	89.000,–	95.200,–	
anteilige Ertragsanteile	91.000,–	90.300,–	
Erfolgsbeitrag	+ 2.000,–	– 4.900,–	
kumuliert Jan.–Dez.	+ 23.000,–	– 21.000,–	
Differenz		– 44.000,–	

Unser Produktionsleiter fragt aufgrund dieser Erkenntnisse den Kostenrechner, was denn geschieht, wenn ein Bereichsleiter ohne eigenes Verschulden in seinem Bereich zu hohe Kosten hat, oder wenn der Markt so schlecht ist, daß die erwirtschafteten Ertragsanteile selbst bei guter Produktivität in seinem Bereich nicht ausreichen, um die Kosten zu decken. Der Kostenrechner erläutert ihm, daß er sich in einem solchen Fall in der Lage eines Unternehmensleiters befindet. Auch ein Unternehmensleiter könne sich bei Entwicklungen, die außerhalb seines Entscheidungsbereichs liegen, nicht hinter der Entschuldigung verstecken, daß er dafür nicht zuständig sei. Ein Unternehmensleiter müsse dann nach Wegen der Anpassung suchen. Von dieser Grundeinstellung solle auch jeder Bereichsleiter im Unternehmen ausgehen. Der Kostenrechner betont, daß es gerade Sinn der Erfolgsbeitragsrechnung sei, daß jeder Bereichsleiter in eigener Verantwortung nach Wegen suchen solle, aus seinen roten Zahlen herauszukommen. In diesem Punkt unterscheide sich die Grundauffassung der Erfolgsbeitragsrechnung erheblich von den übrigen Kostenrechnungssystemen, die unser Produktionsleiter bislang kennengelernt hat. Die in Großunternehmen bekannte *Profit-Center-Organisation* mit der Erfolgsverantwortung für das Profitcenter habe bei der Entwicklung dieses Systems Pate gestanden. Wie nun, so fragt unser Produktionsleiter weiter, wenn aber der Grund für ungünstige Umstände in anderen Bereichen des Unternehmens liegt. Es zeigt sich in unserem Unternehmen der Fall, daß in der Produktion Störungen und damit Mehrkosten dadurch entstanden sind, daß die Materialversorgung nicht geklappt hat. Unser Produktionsleiter kennt Kostenrechnungssysteme, bei denen dann die zusätzlich angefallenen Kosten quasi als Schadensersatz der Materialwirtschaft angelastet werden. Der Kostenrechner erläutert unserem Produktionsleiter, daß dies nicht der Grundauffassung der Erfolgsbeitragsrechnung entspräche. Im Sinne der Erfolgsbeitragsrechnung müsse der Produktionsleiter in einem solchen Fall durch kooperative Zusammenarbeit mit dem Bereichsleiter der Materialwirtschaft erreichen, daß derartige Störungen in Zukunft vermieden werden. Wenn die im Produktionsbereich zusätzlich entstandenen Kosten der Materialwirtschaft angelastet werden könnten, würde dies nur zu erheblichen Diskussionen über die Höhe und die Vermeidbarkeit dieser zusätzlichen Kosten führen. Der Produktionsleiter wäre auch nicht sehr motiviert, diese zusätzlichen Kosten niedrig zu halten, da er sie der Materialwirtschaft anlasten könne. Ein solches Verhalten entspräche nicht einer kooperativen Zusammenarbeit und müsse unbedingt vermieden werden.

Unser Produktionsleiter erkennt aus diesen Überlegungen, daß die Erfolgsbeitragsrechnung mehr ist als ein reines Abrechnungssystem. Er sieht ein, daß dieses anspruchsvolle Steuerungssystem auch organisatorische Regelungen und ein kooperatives Führungsverhalten mit einem hohen Maß an Verantwortungsbereitschaft aller Führungskräfte voraussetzt.

4

Kennzahlen als Steuerungsinstrumente

4.1 Die Entwicklung der Kennzahl

Nachdem Herr P. nun eine Vielzahl von Aufstellungen mit Zahlen kennengelernt hat, sieht er die Notwendigkeit, sich in konzentrierter Form über betriebswirtschaftlich interessante Sachverhalte zu informieren. Der Kostenrechner erläutert ihm daher die *Kennzahlen*.

Der entscheidende Vorteil liegt in der Verdichtung des Informationsgehaltes großer Datenmengen. Sie sind geeignet, komplexe betriebliche Vorgänge in bezug auf den Informationsgehalt transparent zu machen.

Der Kostenrechner unterscheidet folgende Kennzahlen:

- absolute Zahlen
  - Meßzahlen
  - Summen
  - Differenzen
  - Mittelwerte

- Verhältniszahlen
  - Gliederungszahlen
  - Beziehungszahlen
  - Indexzahlen

Unter absoluten Zahlen verstehen wir Angaben, die auf Mengen oder Werten basieren, und zwar:

- *Meßzahlen*, wie den Höchstbestand oder Sicherheitsbestand in der Materialwirtschaft;
- Summen, wie Bilanzsumme, Lohnsumme, Forderungssumme;
- Differenzen, wie Inventurdifferenzen;
- Mittelwerte, wie durchschnittlicher Lagerbestand.

Verhältniszahlen sind Angaben, die einen betriebswirtschaftlich relevanten Zusammenhang zwischen zwei Größen in Form eines Verhältnisses zueinander widerspiegeln. Dabei unterscheiden wir drei Arten:

- *Gliederungszahlen* drücken die betriebliche Struktur aus mit der Eigenart, daß der Zähler jeweils ein Teil des Nenners ist, wie beim Verhältnis Eigenkapital/Gesamtkapital oder entsprechende Prozentzahlen.
- *Beziehungszahlen* stellen die Beziehung zwischen zwei verschiedenartigen Größen dar, zwischen denen ein logischer Zusammenhang besteht. Typische Beziehungszahlen sind Kostensätze wie Materialkosten pro Einheit, Lohnkosten pro Einheit.
- *Indexzahlen* verdeutlichen die Veränderungen in einem Zeitablauf. Typische Indexzahlen sind Preisindizes und Verbrauchsindizes.

Wesentlich bei der Beurteilung einer Kennzahl ist in der Regel nicht nur der Zahlenwert selbst, sondern auch seine Tendenz. So gibt zum Beispiel der Lohnkostenanteil einer Periode nur einen allgemeinen Hinweis, doch wird diese Zahl wesentlich aussagefähiger, wenn wir die Entwicklung kennen.

Wir können also festhalten, daß die Kennzahl unserem Produktionsleiter und den übrigen Führungskräften hilft,

- das Wesentliche schnell zu erkennen,
- Zusammenhänge zu sehen,
- in Relationen statt in absoluten Zahlen zu denken,
- Vergleiche intern und extern durchführen zu können,
- zielorientiert führen zu können.

Die Kennzahl ist kein Allheilmittel im Informationswesen, sie ist allein auch nicht ausreichend, sie ist aber ein Instrument, das in Verbindung mit anderen Informationen ein schnelles, flexibles Handeln ermöglicht.

Wesentlich für die Nutzung einer Kennzahl ist, daß ihr Informationsgehalt richtig verstanden wird, die Berechnung gleichbleibend ist, der Anwendungsbereich abgegrenzt ist und der Ursprung der einfließenden Größen präzisiert wird. In der Literatur gibt es eine Fülle von Kennzahlen, teils allgemeiner Art, teils bereichsbezogen, teils branchenspezifisch. Es würde den Rahmen dieser Ausführungen sprengen, alle Kennzahlen zu diskutieren oder gar verbindliche Empfehlungen zu geben. Betriebsindividuelle Voraussetzungen können auch häufig maßgebend für die Auswahl sein. Im folgenden sollen daher nur beispielhaft einige Kennzahlen dargestellt werden, die für unseren Produktionsleiter sowie für die übrigen Bereichsleiter und die Geschäftsführung interessant sind.

4.2 Kennzahlen und ihre Aussage

Entscheidungen und Verhaltensweisen in unserem Unternehmen werden wie in anderen Unternehmen von dem Ziel bestimmt, **Gewinne zu erwirtschaften**. Daher zählen der Gewinn und entsprechende Verhältniszahlen zum Ausgangspunkt ganzer Kennzahlenreihen. Unser Produktionsleiter sieht das an der systematischen Entwicklung der nachstehenden Kennzahlen.

Die Ausgangskennzahl ist die

$$Kapitalrentabilität = \frac{Gewinn \cdot 100}{Kapital}$$

Diese Kennzahl drückt aus, wieviel Prozent Gewinn mit dem eingesetzten Kapital erwirtschaftet wurde. Unter eingesetztem Kapital versteht man das durchschnittlich dem Unternehmen zur Verfügung stehende Kapital während einer Periode, also:

$$\frac{350.000 \cdot 100}{9.081.900} = 3,9\ \%$$

Das Kapital des Unternehmens setzt sich aus Eigen- und Fremdkapital zusammen. Knapp definiert, verstehen wir unter Eigenkapital das haftende Kapital, dem der Gewinn und der Verlust zugerechnet wird. Eine feste Verzinsung für die Bereitstellung des Eigenkapitals gibt es also nicht. Der Chance eines Gewinns steht das Risiko eines Verlustes gegenüber. Daher ist das Eigenkapital auch mit den Rechten des Eigentümers ausgestattet. Die *Eigenkapitalrentabilität* ergibt sich demnach aus dem erwirtschafteten Gewinn im Verhältnis zum Eigenkapital und errechnet sich nach der Formel:

$$\text{Eigenkapitalrentabilität} = \frac{\text{Gewinn} \cdot 100}{\text{Eigenkapital}}$$

Die Eigenkapitalrentabilität ist vergleichbar mit einem Zinssatz, den ein Kapitalanleger an anderer Stelle für das eingesetzte Kapital erhalten würde. Ein Vergleich mit dem im Unternehmen erwirtschafteten „Zins" zeigt dem Unternehmer, ob seine Geldanlage im Unternehmen günstig war.

Das Eigenkapital in unserem Unternehmen besteht aus der Summe von Stammkapital und Gewinnvortrag (Rücklage), die im Jahr durchschnittlich zur Verfügung standen.

Für unser Unternehmen errechnet sich der Unternehmer eine Eigenkapitalrendite für das Jahr B in Höhe von:

$$\frac{350.000 \cdot 100}{2.775.000} = 12,6\,\%$$

Es ist verständlich, daß von einer Geldanlage mit dem Risiko eines Verlustes eine höhere Verzinsung erwartet wird als von einer risikolosen Geldanlage. In Zeiten, in denen es für eine Staatsanleihe oder gute Industrieobligationen bereits 12 bis 14 Prozent gibt, ist eine Eigenkapitalrendite von 12,6 Prozent vergleichsweise mäßig. Sinkt der Zinssatz für verzinsliche Papiere aber auf 7 bis 9 Prozent, ist die Relation in unserem Betrieb schon vertretbarer.

Neben dem Eigenkapital finanziert sich unser Unternehmen auch durch Fremdkapital (Schulden). Fremdkapital muß früher oder später zurückgezahlt werden. Als Vergütung bekommt der Fremdkapitalgeber einen vertraglich vereinbarten Zins, dessen Höhe in Prozent von der Schuldsumme angegeben wird. Die Fremdkapitalrentabilität ist daher kein Ergebnis des Wirtschaftens, sondern das Ergebnis einer Vereinbarung.

Bei der Kennzahl *Gesamtkapitalrentabilität*, die von der Basis Fremdkapital plus Eigenkapital ausgeht, beziehen wir die Überlegung ein, daß im Gegensatz zur zuerst genannten Kapitalrendite nicht nur das zurückgeflossene Geld in Form des Gewinns aus der Kapitalanlage erwirtschaftet wurde, sondern auch die Fremdkapitalzinsen. Die Formel lautet daher:

$$\text{Gesamtkapitalrentabilität} = \frac{(\text{Gewinn} + \text{Fremdkapitalzinsen}) \cdot 100}{\text{Gesamtkapital}}$$

Die Zahlen für unser Unternehmen lauten daher:

$$\frac{(350.000 + 450.000) \cdot 100}{9.081.900} = 8,8\ \%$$

Solange die Gesamtkapitalrentabilität größer ist als der Fremdkapitalzinssatz, erhöht sich durch den Überschuß die Eigenkapitalrentabilität. Umgekehrt geht eine Gesamtkapitalrentabilität kleiner Fremdkapitalzins zu Lasten der Eigenkapitalrentabilität. Unser Produktionsleiter erkennt daraus, daß eine Investition, die mit Fremdkapital finanziert wird, die Gesamtkapitalrentabilität nicht drücken darf.

Die Verwendung des Kapitals zeigt sich in der Zusammensetzung des Vermögens. Auch diesbezüglich können wir verschiedene Kennzahlen entwickeln. Zunächst zerlegen wir das Anlagevermögen:

Gesamtvermögen = Anlagevermögen + Umlaufvermögen

Das Anlagevermögem steht dem Unternehmen für längere Zeit zur Nutzung zur Verfügung, das Umlaufvermögen schlägt sich schneller um und wandelt so seine Erscheinungsform vom Rohstoff zur Fertigware, dann zu Forderungen und schließlich zu Geld, für das wieder Rohstoffe eingekauft werden.

Die ersten Aussagen über das Vermögen bekommt unser Unternehmer aus der Gliederungszahl

- Anlagevermögen/Gesamtvermögen,
- Umlaufvermögen/Gesamtvermögen.

Diese Aussage zeigt im Vergleich zu ähnlichen Unternehmen, ob das Unternehmen anlageintensiv ist.

Die Beziehung zwischen den Vermögensarten und dem Kapital macht wesentliche Aussagen über die Art der Finanzierung. Die Kennzahl

$$\frac{\text{Eigenkapital + langfristiges Fremdkapital}}{\text{Anlagevermögen}}$$

zeigt dem verantwortlichen Finanzchef, ob langfristig gebundenes Geld im Anlagevermögen auch durch langfristig zur Verfügung stehendes Geld finanziert wurde. Ist die obige Kennzahl kleiner 1, bedeutet das, daß mit kurzfristigem Geld Anlagen gekauft wurden, ein bedenkliches Zeichen. In unserem Unternehmen ergibt sich zum Ende des Jahres B der Wert

$$\frac{6.250.000}{3.030.000} = 2,06$$

– ein guter Wert.

In früheren Jahren verlangte die goldene Finanzierungsregel, daß das Anlagevermögen durch das Eigenkapital gedeckt wird, doch ist man allgemein von dieser Forderung abgegangen und betrachtet sie heute als Idealfall.

Kommen wir noch einmal zum Ausgangspunkt zurück, der allgemeinen Kapitalrentabilität. Wir hatten festgestellt, daß der Gewinn als Ergebnis der Kapitalinvestition zu betrachten ist und durch die **Kennzahl den aufgrund der Investition zurückfließenden Betrag in Prozent vom investierten Kapital** aufzeigt. Der amerikanische Ausdruck lautet daher *return on investment (ROI)*. Allerdings versteht man unter dem ROI die um die Umsatzgröße mathematisch erweiterte Schreibweise

$$\text{ROI} = \frac{\text{Gewinn} \cdot 100}{\text{Umsatz}} \cdot \frac{\text{Umsatz}}{\text{Kapital}}$$

Wir gewinnen dadurch wiederum zwei Teilgrößen als Kennzahlen. Die Größe

$$\textit{Umsatzrentabilität} = \frac{\text{Gewinn} \cdot 100}{\text{Umsatz}}$$

zeigt, wie hoch in Prozent vom Umsatz der Gewinn ist. Einfacher ausgedrückt, welcher Betrag von 100,— DM verkaufte Ware als Gewinn verbleibt. Dabei muß aber festgestellt werden, ob es sich um den Gewinn vor Steuern oder nach Steuern handelt. Diese Kennzahl ist auch eine beliebte Aussage für einen brancheninternen oder branchenübergreifenden Vergleich. Es sollte bei einem solchen Vergleich Klarheit darüber bestehen, ob der Umsatz mit oder ohne Mehrwertsteuer gemeint ist. In der Industrie nennen wir in der Regel den Umsatz ohne Mehrwertsteuer, im Handel sehr häufig mit Mehrwertsteuer. Für unser Unternehmen errechnet sich für das Jahr B eine Umsatzrentabilität von

$$\frac{350.000 \cdot 100}{20.000.000} = 1,8 \%$$

Das heißt, von 100,— DM verkaufter Ware bleiben 1,80 DM als Gewinn vor Abzug der Steuern. Das ist ein Wert, der zwar dem Durchschnitt der Industrie in den 80er Jahren entspricht, im internationalen Vergleich aber sehr ungünstig ist. Anfang der 70er Jahre lag der Wert bei 4 bis 5 Prozent.

Der zweite Teil des ROI, das Verhältnis

$$\frac{\text{Umsatz}}{\text{Kapital}} = \textit{Kapitalumschlag}$$

zeigt an, wie oft sich das Kapital im Laufe des Jahres durch den Umsatzprozeß umgeschlagen hat. Dabei kann es sich nur um einen Durchschnittswert handeln, der die Kapitalbindung insgesamt betrachtet.

In unserem Unternehmen hat sich das Kapital

$$\frac{20.000.000}{9.081.900} = 2,2 \text{ mal}$$

umgeschlagen. Dieser Wert ist nur im Branchenvergleich zu beurteilen.

Bei der abgeleiteten Kennzahl

$$\text{Lagerumschlag} = \frac{\text{Umsatz}}{\text{durchschnittlicher Lagerbestand}}$$

wird die Kapitalbindung im Lager beobachtet. In der Regel ermittelt man den Durchschnitt aus den monatlichen Lagerbeständen. Auch hier muß die Mehrwertsteuer beachtet werden. In ähnlicher Weise kann der Umschlag des Rohwarenlagers beurteilt werden durch die Formel:

$$\text{Rohwarenlagerumschlag} = \frac{\text{Materialverbrauch}}{\text{durchschnittlicher Lagerbestand}}$$

Auch in diesem Fall wird der Durchschnitt aus den Monatsendbeständen errechnet.

Neben diesen rentabilitätsorientierten Kennziffern kennt die Unternehmensleitung auch liquiditätsorientierte Kennziffern. Wie wir wissen, ergibt sich der Gewinn aus der Differenz von Aufwand und Ertrag. Ertrag ist aber nicht gleichbedeutend mit Geldeingang, das heißt einer Einzahlung, und Aufwand ist nicht identisch mit einer Auszahlung. Erhöhungen des Fertigwarenlagers sind Ertrag, der Zugang zu den Forderungen aufgrund von Umsätzen ist Ertrag. Beides ist kein Geldeingang. Abschreibungen sind Kosten, der Geldabfluß liegt aber vielleicht schon Jahre zurück, nämlich als die Maschine gekauft wurde. Zur Kontrolle der Einzahlungen und Auszahlungen kennt der Finanzchef den Finanzplan. Darüber hinaus gibt es aber auch *Liquiditätskennziffern*, die die Zahlungsbereitschaft zum Ausdruck bringen. Man unterscheidet die Liquidität ersten, zweiten oder dritten Grades durch Gegenüberstellung der kurzfristigen Mittel mit den kurzfristigen Verbindlichkeiten. So zum Beispiel:

$$\text{Liquidität 1. Grades} = \frac{\text{Geldmittel}}{\text{kurzfristige Verbindlichkeiten}}$$

$$\text{Liquidität 2. Grades} = \frac{\text{Geldmittel} + \text{Forderungen}}{\text{kurzfristige Verbindlichkeiten}}$$

$$\text{Liquidität 3. Grades} = \frac{\text{Geldmittel} + \text{Forderung} + \text{Fertigware}}{\text{kurzfristige Verbindlichkeiten}}$$

Eine wesentliche Kennziffer, die die Finanzkraft widerspiegelt, ist der *Cash-flow*. Er errechnet sich wie folgt:

    Gewinn
  + Abschreibungen
  + langfristige Rückstellungen
  ─────────────────────────────
  = Cash-flow

Der Cash-flow geht von unwesentlichen Veränderungen beim Lagerbestand und den Forderungen aus, nimmt daher den Ertrag und damit den errechneten Gewinn als Mittelzufluß. Darüber hinaus stehen auch die Gegenwerte für die Abschreibungen als liquide Mittel zur Verfügung sowie langfristige Rückstellungen wie Pensionsrückstellungen, da die Gegenwerte erst nach vielen Jahren ausgezahlt werden. Aus dem Cash-flow müssen bezahlt werden:

– Investition,
– Tilgung,
– Gewinnausschüttung.

Sofern der Gewinn vor Steuern angesetzt wird, müssen auch die noch nicht berücksichtigten Steuern daraus gezahlt werden. Aus den bekannten Größen lassen sich weitere Kennziffern ableiten. Wir wissen, daß sich der Gewinn errechnet aus:

Gewinn = Ertrag − Aufwand

Als weiterer Schritt kann nun der Ertrag aufgeschlüsselt werden. Dabei werden wir zunächst die ordentlichen Erträge aufgrund der Betriebsleistung aussondern und von den außerordentlichen Erträgen unterscheiden. In unserem Industrieunternehmen schlägt sich die eigentliche Leistung des Unternehmens in der schon genannten Umsatzziffer nieder. Der Kostenrechner wird daher den Umsatz näher analysieren wie

– Umsatz/Produktgruppe,
– Umsatz/Kundengruppe.

Wichtiger als der Umsatz sind bei einer solchen Analyse aber die tiefergehenden Erfolgskennziffern, die schon einen Hinweis auf den tatsächlichen Erfolg geben, wie

- Deckungsbeitrag/Produktgruppe,
- Deckungsbeitrag/Kundengruppe,
- Deckungsbeitrag/Engpaßstunde,
- Deckungsbeitrag/Auftrag.

Auch den Aufwand können wir durch entsprechende Kennziffern weiter untergliedern und zum Gesamtaufwand in Beziehung setzen, so

- Lohnaufwand/Gesamtaufwand,
- Materialaufwand/Gesamtaufwand,

oder auch in Beziehung zum Produkt wie

- Lohnaufwand/Produkteinheit,
- Materialaufwand/Produkteinheit.

Die Aufwandsarten wiederum lassen sich in ihre Ursprünge zerlegen. Damit kommen wir schon zur Ursachensuche durch Kennziffern. Typische technische Kennziffern für unseren Produktionsleiter sind

Fertigungsminuten/Produkteinheit,
Fertigungsminuten/Arbeitsgang,
Stillstandszeiten/Laufzeit,
Ausfallzeit/effektive Arbeitszeit.

So können wir aus den allgemeinen Kennziffern immer weiter differenzieren, wenn wir noch tiefergehende Aussagen benötigen. Die Aufzählung könnte daher beliebig fortgesetzt werden. Unser Produktionsleiter, aber auch die anderen Bereichsleiter und die Unternehmensleitung werden sich je nach Bedarf die Kennzalen auswählen müssen, die ihnen zur monatlichen oder auch jährlichen Kontrolle wichtig erscheinen. Diese werden sie dann in der Tendenz verfolgen, um daraus die Entscheidungen abzuleiten. Häufig machen graphische Darstellungen die Tendenz und damit die wesentliche Aussage besonders gut und schnell deutlich, besser als mancher Zahlenfriedhof mit einer Vielzahl von unübersichtlich aufgeführten Zahlen. Nicht die Menge macht die Qualität der Aussage aus. Die ausgewählte Zusammensetzung und Darstellung, um schnell und gleich die notwendige Aussage zu bekommen, ist das wesentliche Merkmal einer guten Kennziffernanalyse.

5
Schlußbetrachtung

Unser Produktionsleiter Diplom-Ingenieur P. erkennt nach dem Durcharbeiten all dieser Zahlenwerte, daß ihm und seinen Kollegen wesentliche Informationen vom Rechnungswesen zur Verfügung gestellt werden. Er hat schon immer gewußt, daß letztendlich alle Bereiche voneinander abhängig sind. Nun wird ihm aber deutlich, wie sich einzelne Maßnahmen für das Gesamtunternehmen auswirken und welchen Beitrag er zum Gesamtergebnis leisten kann.

Nun versteht er auch, warum soviel Arbeit darauf verwandt wird, all die Zahlen zu erarbeiten. Er kann sie handhaben, nach einiger Übung nutzt er sie wie seine Werkzeuge.

Sehr wesentlich für ihn und vor allem beruhigend und ermutigend zugleich ist die Erkenntnis, daß die Zahlen weder als Zügel noch als gelbe oder rote Karte eines Schiedsrichters, genannt Kostenrechner, gedacht sind. Sie sind eine Hilfe, um ihm seine Arbeit zu erleichtern.

Der nächsten Bereichsleiterbesprechung sieht Herr P. nun zuversichtlich entgegen. Er kennt sein Steuerungsinstrument, er kann die Abweichungen und die Gegenmaßnahmen erläutern und zeigt damit, daß er seinen Bereich im Griff hat. Ein Großteil seiner bisherigen Unsicherheit bei Entscheidungen ist größerer Klarheit gewichen, er fühlt sich stärker und damit insgesamt zufriedener mit sich und seiner Arbeit

> dank dem, was er bislang immer
> als undurchschaubares Gespenst gesehen hatte,
> dank dem Instrument Rechnungswesen.

Literaturverzeichnis

Agthe, K.: Direct-Costing als System der Kostenrechnung, München 1962
Bornemann, H.: Controlling heute, 2. Auflage, Wiesbaden 1986
Bramsemann, R.: Controlling, 2. Auflage, Wiesbaden 1980
Bussiek/Ehrmann: Buchführung, Ludwigshafen 1984/87
Bussiek, J.: Erfolgsorientierte Steuerung mittelständischer Unternehmen, München 1981
Falterbaum/Beckmann: Buchführung und Bilanz, 11. Auflage, Bonn 1985
Haberstock, L.: Grundzüge der Kosten- und Erfolgsrechnung, 4. Auflage, München 1982
Hantke, H.: Moderne Verfahren der Kostenrechnung, Bonn 1974
Heinen, E.: Handelsbilanzen, 12. Auflage, Wiesbaden 1986
Heinen, E.: Betriebswirtschaftliche Kostenlehre, 6. Auflage, Wiesbaden 1983
Kilger, W.: Flexible Plankostenrechnung, 8. Auflage, Wiesbaden 1981
Kloock/Sieben/Schildbach: Kosten- und Leistungsrechnung, 3. Auflage, Düsseldorf 1984
Leffson, U.: Die Grundsätze ordnungsgemäßer Buchführung, 6. Auflage, Düsseldorf 1982
Loss, G.: Betriebsabrechnung und Kalkulation, Herne/Berlin 1981
Mellerowicz, K.: Kosten und Kostenrechnung, 5. Auflage, Berlin 1980
Olfert, K.: Kostenrechnung, 6. Auflage, Ludwigshafen 1985
Riebel, P.: Einzelkosten- und Deckungsbeitragsrechnung, 5. Auflage, Wiesbaden 1985
Wöhe, G.: Bilanzierung und Bilanzpolitik, 6. Auflage, München 1984
Wöhe, G.: Einführung in die Allgemeine Betriebswirtschaftslehre, 15. Auflage, München 1984
Wolfstetter, G.: Moderne Verfahren der Kostenrechnung, 2. Auflage, Bonn 1984
Ziegenbein, K.: Controlling, Ludwigshafen 1984
Zimmermann, G.: Grundzüge der Kostenrechnung, Stuttgart, Berlin, Köln, 3. Auflage, Mainz 1985

Stichwortverzeichnis

Abschreibung 33
–, bilanzielle 39
–, degressive 35
–, kalkulatorische 39
–, nach Leistung 37
Absetzung für Abnutzung (AfA) 38
Äquivalenzziffer 93
Äquivalenzziffernkalkulation 92
Aktivkonten 113
Aktivtausch 107
Aktivvermehrung 108
Akzeptant 133
Angestellte 44
Anlagevermögen 105
Arbeiter 44
Arbeitskosten 28
Aufwand 108
–, außerordentlicher 122
Aufwand- und Ertragsrechnung 116

Belastungsanalyse 201
Bereichseinzelkosten 197
Bestandskonten 113
Betriebsabrechnungsbogen (BAB) 72
Betriebsbuchhaltung 103
Betriebsergebnis 122
Betriebsmittel 32
Betriebsmittelkosten 47
Betriebsstoffe 31
Betriebsvergleich 101
Beziehungszahlen 217
Bezogener 132
Bezugsgrößenhierarchie 187
Bilanz 105
Bilanzgleichung 109
Bilanzverlängerung 108
Bruttogewinn 49
Bruttolohn 146
Buchführung 102
Buchführungspflicht 105
Buchhaltung 102
Buchungssatz 111

Buchwert 34
Büromaterial 31

Cash-flow 224

Debitorenbuchhaltung 114
Deckungsbeitrag 183
–, relativer 190
– mit proportionalen Kosten 184
– mit relativen Einzelkosten 187
Direct Costing 184
Diskont 132
Divisionskalkulation 90
–, differenzierende 90
–, einstufige 90
–, mehrstufige 91
–, summarische 90
–, zweistufige 91

Eigenkapital 52, 106, 163
Eigenkapitalrentabilität 219
Eigenkapitalverzinsung 52
Einkommensteuer 49
Einsatzmengen 201
Einzelkosten 56
–, relative 187
Entwicklung, gleichmäßige (lineare) 34
Erfolg 115
–, negativer 116
Erfolgsbeitrag 197
Erfolgsbeitragsrechnung 197
Ergiebigkeitsprinzip 26
Erlös 116
Eröffnungsbilanz 107
Ertrag 108
–, außerordentlicher 122
Ertragsanteil 197
Eventualverpflichtungen 133

Finanzbuchhaltung 103
Fixkostendeckungsrechnung 184
Fremdkapital 52, 106

Gehalt 44
Gemeinkosten 56
Gesamtkapitalrentabilität 220
Geschäftsführung 103
Gewerbesteuer 49
Gewinn 26, 49, 115
Gewinnbeteiligung 45
Gewinn- und Verlustrechnung 105
Gliederungszahlen 116
Grenzkosten 183
Grenzplankostenrechnung 183
Grundsätze ordnungsmäßiger Buchführung 104
Haben 112
Handelsrecht 104
Hilfskostenstellen 71
Hilfsstoffe 30

Indexzahlen 217
Inventar 105
Inventur 105
Investitionsrechnung 67
Istkosten 43, 173

Kalkulationspreis 27
Kapitalrentabilität 218
Kapitalumschlag 223
Kennzahlen 216
Körperschaftsteuer 50
kontieren 111
Kosten 109
Kosten 26
–, beschäftigungsabhängige 57
–, degressive 57
–, direkt zurechenbare 55
–, direkte 56
–, fixe 57
–, indirekte 56
–, pauschalierte 71
–, progressive 57
–, proportionale 57
–, sonstige 41
–, sprungfixe 58
–, zu verantwortende 71
Kostenarten 28
Kostenartenplanung 43
Kostenartenrechnung 42

Kostenauflösung 176
Kostenstellen 60, 70
Kostenstellenrechnung 60
Kostenträger 62
Kreditorenbuchhaltung 114
Kuppelkalkulation 95
Kuppelprodukte 95

Leasing 41
Leerkosten 59
Leistungsfaktoren 25
Leistungsplanung 200
Liquiditätskennziffern 224
Lohn 44
Lohnsteuer 146

Marginal Costing 184
Marktpreis 77
Marktpreismethode 96
Marktwert 34
Maschinenstundensatzrechnung 90
Materialkosten 30
Maximalprinzip 26
Mehrwertsteuer 124
Meßzahlen 216
Miete, kalkulatorische 53
Minimalprinzip 26

Nachkalkulation 97
Nettogewinn 49
Nettolohn 146
Normalkosten 174
Nutzkosten 59

Opportunitätskosten 52

Passivtausch 107
Passivvermehrung 108
Personalkosten 28
Personenkonten
Plankalkulation 197
Plankosten 43
Plankostenrechnung 175
–, flexible 175 f.
–, starre 175
Plankostenverrechnungssatz 177
Planpreis 27, 197
Plansätze 203

Postgebühren 48
Produktionsfaktoren 25
Produktivitätskennziffern 26
Profit-Center-Organisation 214
Provision

Reparaturleistungen 40
Restwert 33
Restwertmethode 95
Return on Investment (ROI) 222
Risiko 53
–, unternehmerisches 53
Rohstoffe 30

Sachkonten 113
Saldo 110
Scheck 131
Schlußbilanz 107
Selbstaufschreibung 202
Selbstkostenpreis 27
Skonto 50
Soll 112
Sondereinzelkosten 56
Sozialversicherungsbeiträge 146
Sparsamkeitsprinzip 26
Steuern 49
–, durchlaufende 152
Steuerrecht 104

Tantieme 45
Teilkosten 182
T-Konto 109
Tragfähigkeitsfaktoren 205

Überweisungen 131
Umlaufvermögen 105

Umsatzrentabilität 222
Umsatzsteuer 152 f.
Unternehmerlohn 46
–, kalkulatorischer 46

Verbrauchsabweichungen 176
Verlust 116
Verrechnungspreis 71
–, innerbetrieblicher 27
Verteilungsmethode 97
Verwaltungskosten 48
Vollkostenkalkulation 85
Vorsteuer 124, 153

Währung 133
Wagnis, kalkulatorisches 53
Wartungsleistungen 40
Wechsel 131
Wechselkurs 133
– gewinn 134
– verlust 134
Wechselspesen 132
Werbung 50
Werkstoff 28
Werkstoffkosten 46
Wertberichtigungskonto 141
Wertschöpfung 152
Wirtschaftlichkeitsprinzip 26
Wirtschaftsgüter, geringwertige 40

Zahllast 153
Zinsen 51
–, kalkulatorische 52
Zwischenkalkulation 98

Management-Literatur von GABLER: konkret und gewinnbringend im Einzelfall, fast verwirrend facettenreich in der Gesamtschau des Angebots.

Aber das ist es ja. Die Aufgaben, die Manager und Führungskräfte heute zu erfüllen haben, sind nun mal facettenreich.

Zwei Wissenschaftler veranschaulichen das in einem Management-Lehrbuch für Studenten auf ihre Weise: „Man kann sich das Management als eine komplexe Verknüpfungsaktivität vorstellen, die den Leistungserstellungsprozeß gleichsam netzartig überlagert und in alle Sachfunktionen steuernd eindringt." (Zitat aus Steinmann/Schreyögg, Management)

Was im Lehrbuch Dozenten ihren Studenten vermitteln wollen, zeigt das GABLER-Management-Programm in seiner tatsächlichen Ausprägung.

Da stehen Titel wie "Familienunternehmen", "Kundenmanager", "Innovation" scheinbar willkürlich nebeneinander, da werden "13 Leitbilder eines Managers von morgen" gegen das "Management von Joint Ventures" geklappt, da stützt das "Total Quality Management" die "Computer-Dimensionen" (oder umgekehrt), da hat man eine schwache Andeutung des "CI-Dilemmas" und muß schließlich erkennen, daß "Vernetztes Denken", "Konfliktmanagement" und "Management der Hochleistungs-Organisation" nur Voraussetzung (oder Ergebnis?) von "Management-Effizienz" ist. Wer dann

noch "Vom Sinn zum Gewinn" denken kann und seine "Organisationskultur" danach ausrichtet, der braucht sich kaum noch mit "Intrapreneuring" oder Führungsfragen zu beschäftigen.
Oder doch und gerade?

Wie auch immer, die Zahl der Titel wächst weiter. Ganz gezielt, mit Umsicht ausgewählt und kompetent betreut. Denn auch die Aufgaben im Management wachsen, ständig gibt es neue Problemlösungen, eröffnen sich ungeahnte Perspektiven.

Die die hier darüber schreiben, sind weder Romanautoren, noch zum Publizieren verpflichtete Wissenschaftler. Es sind Frauen und Männer, die das harte und spannungsreiche Geschäft des Managements von innen heraus kennen,

GABLER

die direkt zur Sache kommen und keine Zeit für Schnörksel verlieren - weil sie wissen, für wen sie die Bücher schreiben, und weil sie möchten, daß die Leser etwas davon haben.

Nachfolgend noch zwei ideale Geschenkbände:

Anders, Peter E. (Hrsg.)
Betriebswirtschaftslehre humoris causa
1991, 335 S., Geb. DM 38,–
ISBN 3 409 18902 5

Management Heute
Ein Lesebuch
1991, 335 S., Geb. DM 58,-
ISBN 3 409 18902 5

Weitere Informationen erhalten Sie bei Ihrem Buchhändler oder direkt vom Verlag, Taunusstr. 54, 6200 Wiesbaden.